ふらりと寄《よ》席《せ》に行ってみよう

『東京かわら版』編集長
佐藤友美 著

辰巳出版

はじめに

寄席《よせ》礼賛――

ふと心がざわつく時や、何もかもがうまくいかないと思った時、
ふらりと寄席に入ってみましょう。

２００年近くもの間、寄席は人々を楽しませる場所として存在してきました。
木戸をくぐれば、毎日同じ場所で落語家がいつもと同じようにしゃべっています。

この変わらなさ、普段通りのフラットさ、
いつでもどーんと受け入れてくれるように
感じられる存在が、都内のあちこちにあるということ。
それがどれほど心強いか。いざとなったら私には寄席がある、
と思うだけで、味方がいる気分になれます。
一人で行った帰り道、今日の高座を反すうしながら
ニマニマとして周囲に気味悪がられながら帰路を急ぐもよし、

仲間と行って終演後にその日の感想戦をしながら
軽く一杯やるのもまた格別。
話し込むうちに一緒に行った人の新たな面が見られることも。
面白い、楽しいと感じる箇所は千差万別で、
相撲の勝敗のように
白黒はっきりつけられないところが魅力でもあります。

ひいきの落語家ができるとまた楽しく、
次は独演会に足を運んでみようかと思ったり……
そのうち一番自分が通いやすい寄席を見つけたり。
自分なりに寄席を楽しめるようになったら、あなたも立派な寄席マスターです。

この本をひもとく前でも後でも、まずは寄席の木戸をくぐってみませんか。

寄席に駆け込んで客席に身を埋めれば、
忙しく疲れた私たちの、最高のリフレッシュになることでしょう。

『東京かわら版』編集長

佐藤友美

CONTENTS

Part.1

寄席の基本を教えます！

寄席を知る

Part.2

いろいろな寄席に出かけよう!

寄席で観る

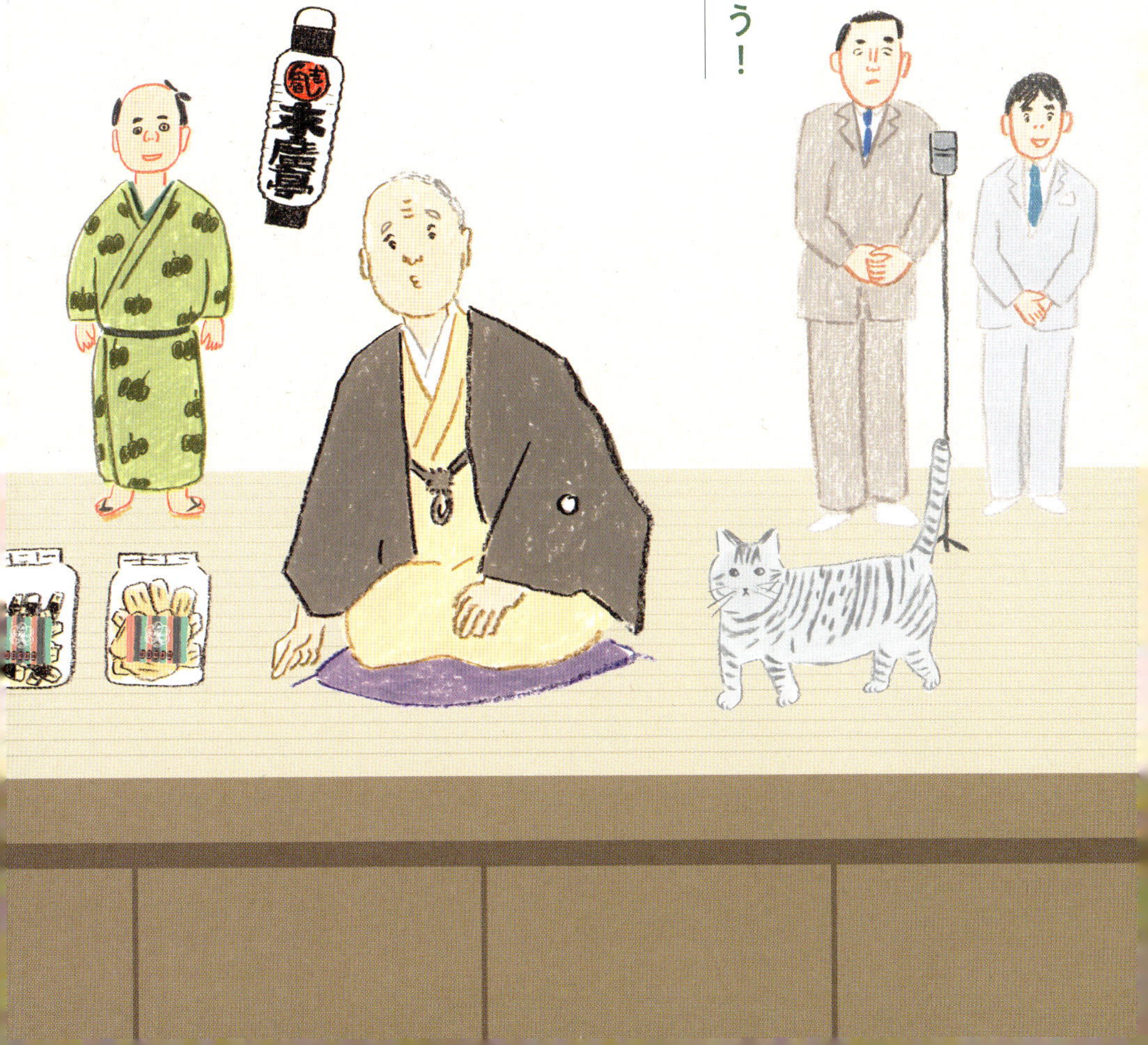

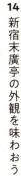

Part.3

寄席で味わう

寄席の伝統芸能を堪能！

Part.4

さらなる寄席情報を紹介

寄席を もっと楽しむ

COLUMN

寄席を支える人

※本書掲載の情報は2018年12月現在のものです。

※商品などの価格は特記してあるものを除き、税込み表示です。本書の発売後、予告なく変更される場合があります。

Part.1

寄席を知る

寄席って何？　どんなところ？
どうやって入るの？　そんな疑問を解決！
新宿の繁華街にあるレトロな木造建築の寄席、
新宿末廣亭にまずは入ってみましょう。

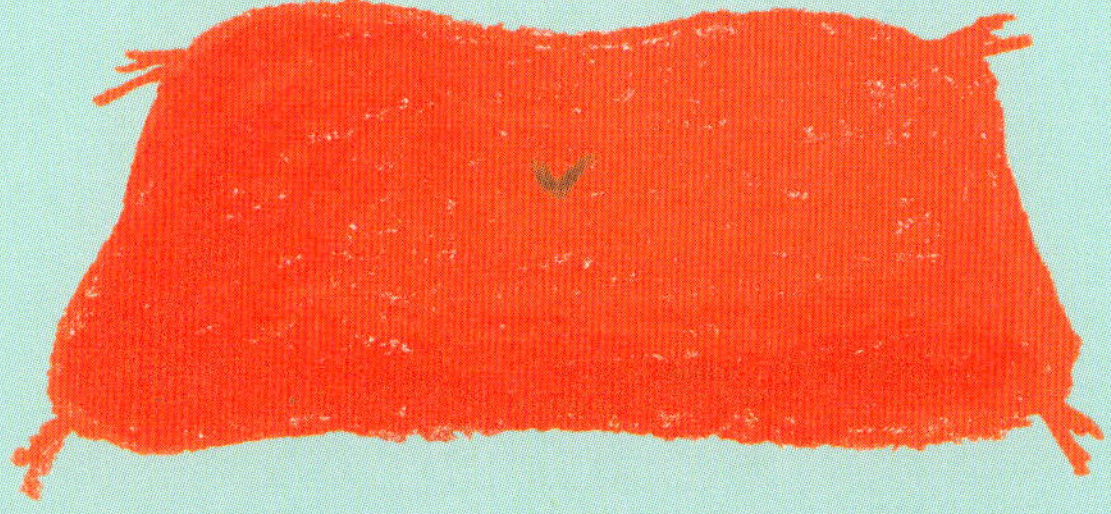

寄席《よ》《せ》ってどんなところ？

寄席ってどんな場所？どこにあるの？

昔もいまも手頃な庶民の娯楽である〝寄席〟とは、演芸のいろいろを楽しむ興行場のことです。繁華街など行きやすい場所にあります。

ひと月を3つ（上席《かみせき》・中《なか》席・下《しも》席）に分けて興行が組まれ、10日間ごとに出演者が変わります（詳細は38～39ページを参照）。

次から次へと演者が約15分おきに出てきます。主任（トリ）の落語家は30分前後たっぷり聴けます。落語の合間に色物《いろもの》と呼ばれる多種多様の芸も観られます。

昼の部と夜の部があり、入替制のところと入替なしのところがあります。お客さんの都合で、いつ入場していつ帰ってもよく、持込

寄席とは……？

落語や講談、漫才などを
楽しめる劇場

ほぼ
365日オープン！
落語以外の
演芸も！
一日いても
大丈夫♪

面白そう！

みOKで飲食も可能。入場料もリーズナブル。長時間いればいるほどお得です。

それぞれの寄席に特長がありますので、いろいろな寄席をまわってみてください。どこも、生の芸ならではのライブ感、高座《こうざ》（舞台）と客席が一体となって醸し出す空気が楽しく、束の間の浮世を忘れさせてくれます。

POINT

定席《じょうせき》とは？
＝常設の寄席

東京には新宿末廣亭《すえひろてい》、鈴本演芸場、浅草演芸ホール、池袋演芸場、国立演芸場の5つがあります。大阪には天満天神繁昌亭《てんまてんじんはんじょうてい》、名古屋に大須演芸場、仙台に花座《はなざ》、神戸に喜楽館《きらくかん》（2018年7月開場）があります。

実際に行ってみよう！

新宿末廣亭へ
行ってみよう
事前予約不要！　思い立ったが吉日♪

新宿末廣亭《すえひろてい》に行ってみよう！

情報収集
寄席や落語家さんの
ホームページを見たり
チラシを
見つけてみたり
三月下席出演者
新宿　末廣亭
東京かわら版
演芸情報誌を
チェックしたり
（『東京かわら版』を
持参すれば割引も！）
365日オープンだしね！
当日ふらりと
行ってもいい！

思い立ったが吉日
気軽に立ち寄ってみよう

それでは、実際に寄席に行ってみましょう。このページでは、新宿三丁目のランドマーク・新宿末廣亭を例に、寄席に入るまでをご案内します。

　事前の情報収集方法としては、寄席や落語家、落語協会・落語芸術協会などホームページを確認する、月刊演芸情報誌『東京かわら版』（46〜47ページを参照）をチェックする、落語会などでチラシをゲットする、などがあります。

　寄席は基本的に事前予約不要・当日券のみですので、思い立った日にふらりと行くのも粋な楽しみ方です。好きな日に、好きな時間に訪れることができます。

　現在の新宿末廣亭は昭和21（1

全席自由席!

寄席は基本的に自由席。座る場所によって、見え方・楽しみ方が変わってくるので、スタッフにお願いして途中から座席を変えてみてもいいかも。

リーズナブル!

チケットは「木戸」で購入。「昼夜入替なし」とあれば、昼から夜の部まで1回の木戸銭で観られる。夜間入場した際の「夜割」などお得なものも!

946)年に建てられたといいますから、築70年以上経っています。レトロ建築好きにはたまらない、絵になる空間です。

入口横にある木戸《きど》(チケット売り場)で木戸銭(入場料)を支払うと、女性スタッフが座席へ案内してくれます。「昼夜入替なし」の場合は、昼の部に入って夜の部までいてもOK。夜19時45分まで入場できます。途中外出はできませんので、ご注意を。

INFORMATION

住所 東京都新宿区新宿3-6-12

電話 03-3351-2974

公演時間 昼の部12時~16時30分、夜の部17時~21時

料金 一般3000円他
※18時以降と19時以降は割引あり

アクセス 東京メトロ丸ノ内線・副都心線 都営新宿線「新宿三丁目駅」から徒歩1分

HP http://www.suehirotei.com/

新宿末廣亭の外観を味わおう

東京にある定席の新宿末廣亭を紹介します。新宿区の「地域文化財」に認定された歴史ある木造建築です。

寄席文字

落語で使われる独特の筆書き文字。お客さんがたくさん入るようにと、すきまなく右肩上がりで書かれる

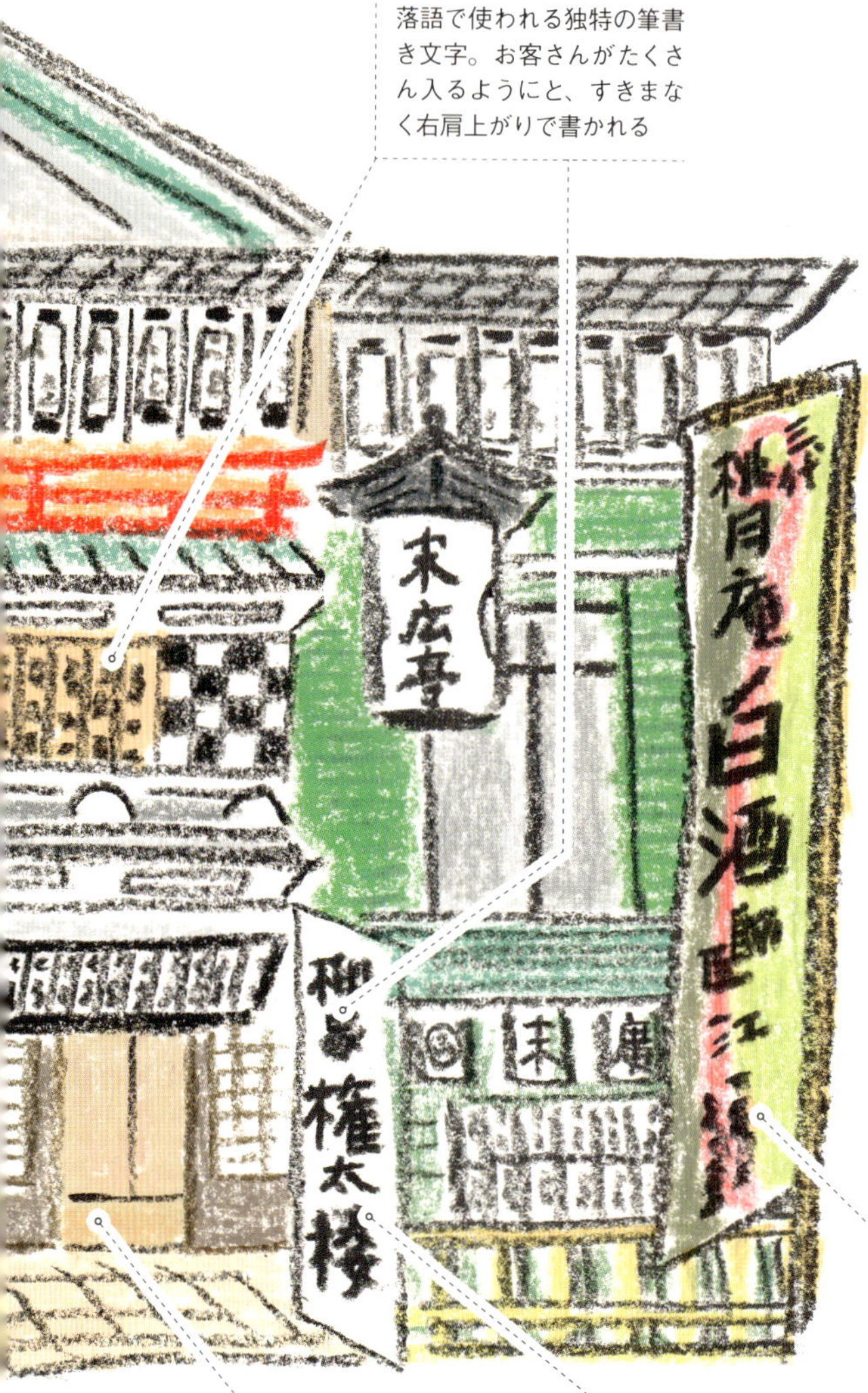

のぼり

芸名が書かれた布で、トリの名前のものが掛けられている。ひいきのお客さんからの芸人への贈り物

入口

入場券を買って中に入ると、スタッフが座席まで案内してくれる

一枚看板

通常看板に複数の名前が書かれるが、主任（トリ）は一枚にその人の名だけ書かれる。大看板ともいう

趣ある木造建築

木造は都内寄席で唯一。現在の建物は昭和21(1946)年に完成。繁華街に現れるレトロな外観

寄席提灯

末廣亭の紋や名が描かれた提灯。日が暮れると明かりがともり、雰囲気抜群に

招木(マネキ)

その日の出演者名が書かれている看板。落語家は墨色、それ以外の芸人は色文字(主に朱文字)で書かれているところから、落語家以外の芸人に対する「色物」の言葉が生まれた

木戸

チケット売り場。ここで木戸銭(入場料)を支払う。「本日入替なし」とあれば、昼夜の入れ替えなしということ。当日の代演情報もここに掲示される

新宿末廣亭の中に入ってみると……

新宿末廣亭に入ってみましょう！内観はこんな感じになっています。外観同様、とても趣のある空間でワクワクします。

メクリ
メクリは名前を一枚ずつはめこんでいくタイプ。この右手奥にお囃《はや》子《し》さんがいる
ココが高座！
椅子席
向かって正面に椅子席が並ぶ。大入りの際には二階席も開放される
ゆるやかな斜面になっている

次回の番組

次の10日間の出演者名が記されている

「和気満堂《わきまんどう》」

額には“和やかな空気が満ちている”という、素敵な意味を込めた「和気満堂」の文字が

桟敷《さじき》席

靴を脱いで上がる。ここに座ると高座の落語家と目線が同じ高さになり、目と目が合うことも!? 欄間の工芸美にも目を凝らしてみて

床の間

座敷をイメージしているため、下手に床の間があり、掛け軸やお花が飾られている

フタがテーブルにもなる
下足箱

新宿末廣亭を堪能し尽くそう

次から次へと登場！
昼の部
12
開演
スタート！
開演
落語
二番太鼓
「オタフクコイコイ ステツクテンテン」
わくわく
ドキドキ
TVとは違う
雰囲気だ〜
飲食もOK！
太神楽《だいかぐら》
※ただし飲酒はNG

木戸一枚先に、新宿の喧噪を忘れるひと時が

木造で趣のある新宿末廣亭。鴨居や幅木《はばき》、磨りガラスの美しさ……ぜいたくな造りで、当時の職人技が細かな意匠に宿っています。座敷をイメージした空間ということもあり、高座の下手には床の間がしつらえてあります。

場所柄、ランチや買い物の後にもふらりと立ち寄りやすく、18時以降は割引料金で入場できるのも嬉しいところ。映画館に行くような感覚で、その時間を待っている会社帰りの人もたくさんいます。

一階の椅子席はカップホルダー、かばん掛け、傘立てが常備され、椅子もふかふかで、さながらシネコン仕様。その一方で、両脇にある桟敷《さじき》席は靴を脱いで上がる畳敷き

お得情報♪

「末廣亭友の会」に入会すれば、入場券４枚に選べるグッズも付いておすすめ

で、さらに雰囲気は抜群です。一階が満席になった時だけ開放される二階席は格別の眺め。二階にも貴重な額などの展示がありますので、上がる機会に恵まれたら、ぜひチェックしたいところです。

魅力的な場で演芸界を支え、古さと新しい設備が共存して、よりいっそう魅力を高めている新宿末廣亭。寄席初心者におすすめです。

POINT

大人気！　毎週土曜の深夜寄席

新宿末廣亭では土曜の夜の部終演後、21時30分～23時に深夜寄席が開催。二ツ目（落語家の若手）4名による勉強の場で、チケット代は1000円とお得。列の整理やチケットのモギリなどもその日の二ツ目が担当し、賑わいます。

特別インタビュー 01

柳家喬太郎

KYOTARO YANAGIYA

映画、テレビなど幅広く活躍しつつ、忙しい合間を縫って寄席にも出演する喬太郎師匠に寄席の魅力を伺いました。

「すげえ、ここで俺、いま落語しゃべってる」と寄席でふと思う時がある

——はじめて寄席に行かれたのはいつですか？

喬太郎　高校生ですね。寄席じゃないけど、はじめてお金を払って行ったのは東宝演芸場（※1980年閉鎖。日比谷にあった）なんですよ。別の用事があって、あの界隈に行ったら東宝演芸場では、ちょうど春風亭小朝師匠の真打昇進のお披露目だったんですわ。同じく高校の時には（新宿）末廣亭の昼夜ぶっ通しっていう経験もあります。たまにしか寄席へは行けなかったけど、でもやっぱり寄席で印象に残っている高座がいっぱいありますよね。末廣亭の昼トリで聴いた先代・文蔵師匠の「鹿政談《しかせいだん》」とか。家元（立川談志）がまだ落語協会にいた頃の池袋演芸場のトリの「黄金餅《こがねもち》」、時にうちの師匠（柳家さん喬）の鈴本（演芸場）の昼トリの「棒鱈《ぼうだら》」とか、浅草演芸ホールでの先代・歌奴《うたやっこ》師匠の「家見舞《いえみまい》」とか。

――寄席じゃないと出会えない高座ですね。プロになって寄席の初高座はどちらでしたか。

喬太郎　初高座は新宿の会（末廣亭）。1989年12月29日のさん喬・権太楼（二人会）で「道灌《どうかん》」。いやもう口の中がカラッカラで、つば全部持ってかれて、やっとオチまでしゃべったのを覚えています。

――寄席ならではの魅力というのは、師匠はどこにあると思いますか。

喬太郎　やっぱりフラッと当日券で行けるところじゃないですか。でもいまはお目当ての好きな人が出てるから行こう、なのかな。緊張感漂う、ガチンコ勝負だ！みたいな落語会もいいんですけど、いまのお客様でそれを求めている方もいますけど、そうじゃないところが寄席のいいところですよね。いい意味でゆるい。のんびりできるのが寄席のいいところだと思います。

――喬太郎師匠を観に来たのではないお客様に向けてもやるわけですが、心がけていることはありますか。

喬太郎　芸人って、自分のこと知らないお客様の前で受けなきゃいけないと思うんです。だから寄席は大事ですよね。僕のこと目当てじゃないところでどういうことができるか。トリだったらトリなりの責任があるし、出番によってネタも違ってくるし。今日はどういう流れなんだろう、どういう師匠が出るんだろうと、それによって方向性――客席はあったためたい、冷やしたくないけど邪魔になりたくない、みたいないろいろなことを思います。

――寄席のチームワークというか連携プレーですね？

喬太郎　がっつりしたチームワークじゃ

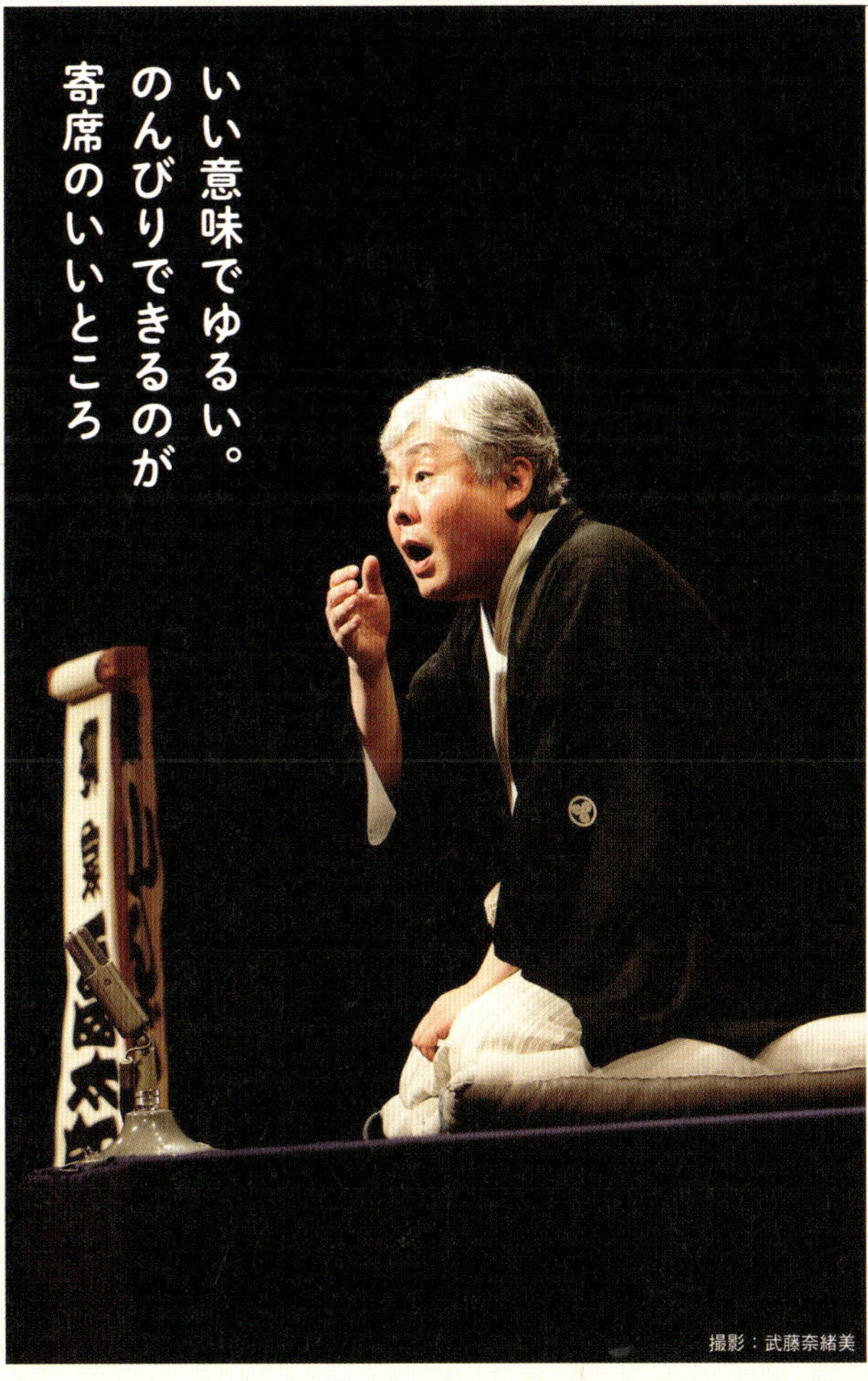
いい意味でゆるい。
のんびりできるのが
寄席のいいところ
撮影：武藤奈緒美

なくって、なんとなくですよね。肌で学んでいく感じ。新しい人が出てくれば、年かさの師匠が亡くなることもありますけど。でも、要は、そのものは変わらない。変わらないことを、進歩をしていないという風に捉えず、変わらないからいいんだよなと。ロハスっつうの？

——なるほど、時代に合ってきているのかもしれません、スローライフ。

喬太郎　そう！　スローライフスローライフ（笑）。

——寄席で仰天された出来事はありますか。

喬太郎　噺《はなし》の途中で平気でお客様は出ていくし、普通に途中から入ってくるし、酔っぱらいがいる時もあるけど、そこで毎日修業しているから大概のことには驚かなくなります。二ツ目の頃、池袋演芸場の「二ツ目勉強会」に出た時に、酔っぱらったお客様がいらっしゃったんですよね。陽気だったんですけど、だんだん笑い声が大きくなってきて、やりにくくなってしまった。僕が「按摩《あんま》の炬燵《こたつ》」に入って、按摩だから目をつぶってやっていたら、腹に据えかねた他のお客様が「いい加減にしろよ、静かにしろ」「なにを、この野郎」になっちゃったんですよね。高座からはどうしようもないから「ダメだよ喧嘩しちゃ」って台詞に入れて誤魔化したりして。按摩だから目開けらんないじゃない、そしたら客席にいた協会理事の（三遊亭）圓窓《えんそう》師匠の声がしたんですよ。「しばらくそこで寝てなさい」って聞こえて。「圓窓師匠ありがとうございます」って言うと素に戻っちゃうから「どこのどなたか存じませんが、ありがとうございます」と言ったら、圓窓師匠が「おう、礼には及ばねえ」って言ったんです。あとから聞いたら圓窓師匠と（古今亭）志ん朝師匠がその酔っぱらいを外に出してくれたんですって。あの古今亭志ん朝と三遊亭圓窓が、ですよ。

——その場に居合わせたお客さんがうらやましいです。

喬太郎　大幸せですよね！　古今亭志ん朝が寄席の従業員さんの仕事をしたんですよ。終わって二ツ目勉強会だから批評会があるでしょ、志ん朝師匠が一人一人アドバイスする中「喬太郎なんだけど……うーん、ちょっとあんまり聴いてなかった。うん、でも、まあいいなと思ったよ」だけでがっかりしました（笑）。

要は、そのものは変わらない。変わらないからいいんだよなと。

——はじめてプロとして高座に上がった時から思い描いていた落語家になっていますか。

喬太郎　どうでしょうねえ、無我夢中ですよね。ただ、落語ファンでいた頃に、客席側にまわって観ていたあの高座に、いま俺が上がっているんだなということはふと思いますよね。「すげえ、ここで俺、いま落語しゃべってる」と。「すげえすげえ俺、落語家だ」って。毎回は思いませんけど年に二、三回はふっと、しゃべりながら襲われることがあります。

素直に聴いてくださるのが嬉しいですよ。

——最近、お客さんが変わってきたなあと思うことは。

喬太郎　若い方が増えたのもありますけど、年配の方でも、生で落語聴いたことのない人がいっぱいいるんですよ。テレビやラジオで聴いたことあるけど生はね、っていう方はいるわけですよ。若い方とおなじくらい年輩の方も増えてるんじゃないかな。素直に聴いてくださるのが嬉しいですよ。最近やりやすいことが多い気がしますね。

——落語をやりながら客席は見えているんですか。

喬太郎　単純に人間同士が向かい合ってるんだから目に入っちゃうんですね。「あの人俺ん時毎回寝てるよな」とか。メモしている人が目障りだよという人いても、こういうメモの取り方だったら邪魔になんなくていいねとか。顔もある程度覚えますよ。寄席で見る顔が多いねということもありますし、苦笑いしながらじっと目を閉じてるお客様とか目に入る。通か！（笑）。

——自分なりの聴くスタイルをみつけていらっしゃる方たち。

喬太郎　どんなふうにお聴きになってもいいのが寄席です。平成が終わろうという世の中に、スマホの時代、YouTubeの時代にアナクロに三味線と太鼓で、芸人が出てきて3時間過ごすとか。そんな形態の芸能の小屋が国立（演芸場）も入れれば5軒もあるんですよ。頼もしいことですよ、嬉しいことです。絶対無くならないでほしいですよね。

PROFILE

柳家喬太郎

やなぎや きょうたろう

1963年11月30日、東京都生まれ。1989年に柳家さん喬に入門。前座名は「さん坊」だった。1993年に二ツ目昇進し、「喬太郎」と改名する。2000年真打昇進。第1回高田文夫杯お笑いゴールドラッシュⅡ優勝（1995年）、NHK新人演芸大賞落語部門大賞（1998年）、国立演芸場花形演芸会大賞（2005、2006、2007年）など受賞歴多数。出囃子は「まかしょ」。紋は「丸に三つ柏」。

COLUMN

寄席を支える人①

席亭《せきてい》

寄席のオーナーを席亭といいます。ほぼ毎日のように開いている寄席で、演芸家は研鑽を積みます。寄席でトリをとるのは、若手の憧れであり目標です。

「どの演芸家を出して番組を組むか」には、席亭の意向が大きく反映されます。お客さんの入りがよいと寄席は繁盛するので、いかに人気者を出すか、絶妙な楽しい流れの番組を作るかなど、マネジメント力も問われます。

時には「二ツ目の○○さんは大人気で技芸にも秀でているので、真打にしたらどうか」と所属協会へ打診し、抜擢真打の誕生に一役を買うことも。ちなみに、寄席は家族経営が多く、席亭は世襲がほとんどです。

Part.2

寄席で観る

東京各地にある寄席の魅力を紹介します。
さらに、寄席の一日、一か月、一年は
どうなっているの？　裏側では何が起きているの？
そんな寄席の毎日にも迫ります。

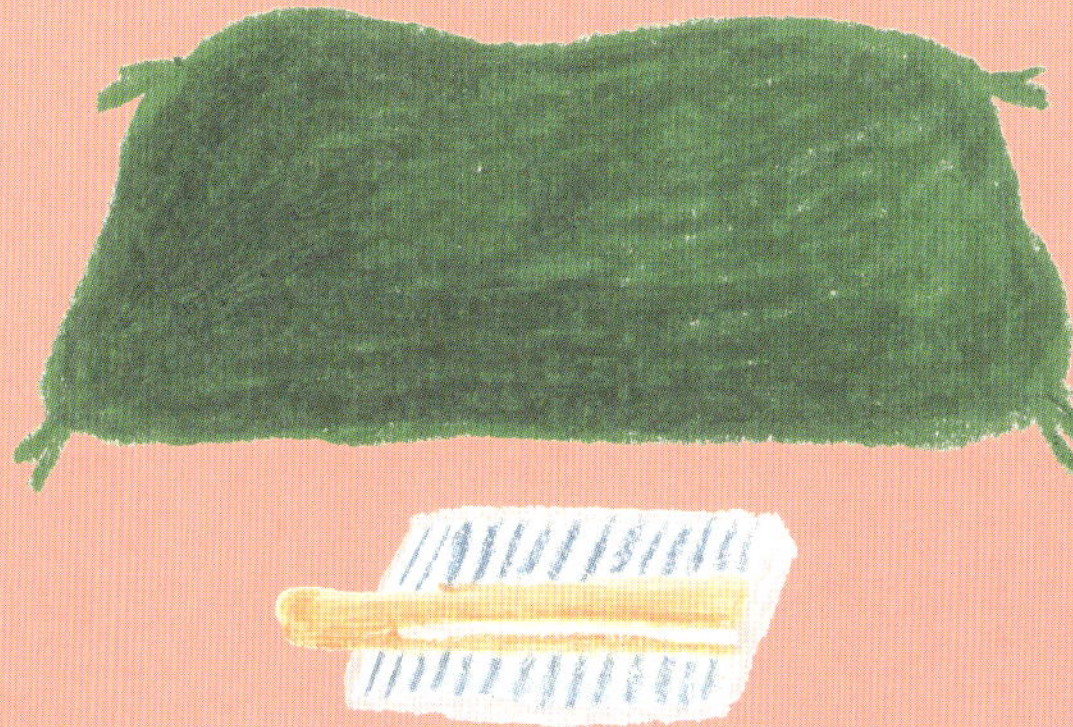

上野の森
近くに鎮座
鈴本演芸場

現存する寄席で最古
老舗の風格漂う空間

安政4（1857）年、母体となる「軍談席本牧亭《ほんもくてい》」が創業。今は落語協会所属の演者が出演しています。木戸で今日の出演者が写真入りで確認できるのが嬉しいところです。前座が入口で太鼓を叩いている姿を見られるのも楽しい特長。

チケットを買ったら、エスカレーターで三階の客席へ（エレベーター・階段もあり）。二階には展示スペースと缶ビールの自販機があります。売店で売っている弁当は神田志乃多《しのだ》寿司の助六寿司。他に近所の老舗天ぷら屋「天寿々《てんすず》」の天丼を注文することもできます。指定の時間に鈴本演芸場まで作りたてを届けてくれ、ちょっとしたお大尽気分に。

客席は285席あります。後ろの方に座ってのんびり見るのもよし、前方でかぶりつくのもよし。その時の気分で選ぶ場所によって、演芸の楽しみ方はいろいろと広がります。「ラブラブシート」と呼ばれる後方に二席だけ並んだ席もデートにおすすめです。客席内は目に優しいほの暗さで落ち着きがあり、落語に集中できます。しっかりと芸を味わえる極上空間です。

INFORMATION

住所	東京都台東区上野2-7-12
電話	03-3834-5906
公演時間	昼の部12時30分～16時30分、夜の部17時30分～20時40分 ※昼夜の入替あり
料金	一般2800円他
アクセス	東京メトロ銀座線「上野広小路駅」から徒歩1分、JR「御徒町駅」から徒歩5分、都営大江戸線「上野御徒町駅」から徒歩5分
HP	http://www.rakugo.or.jp/

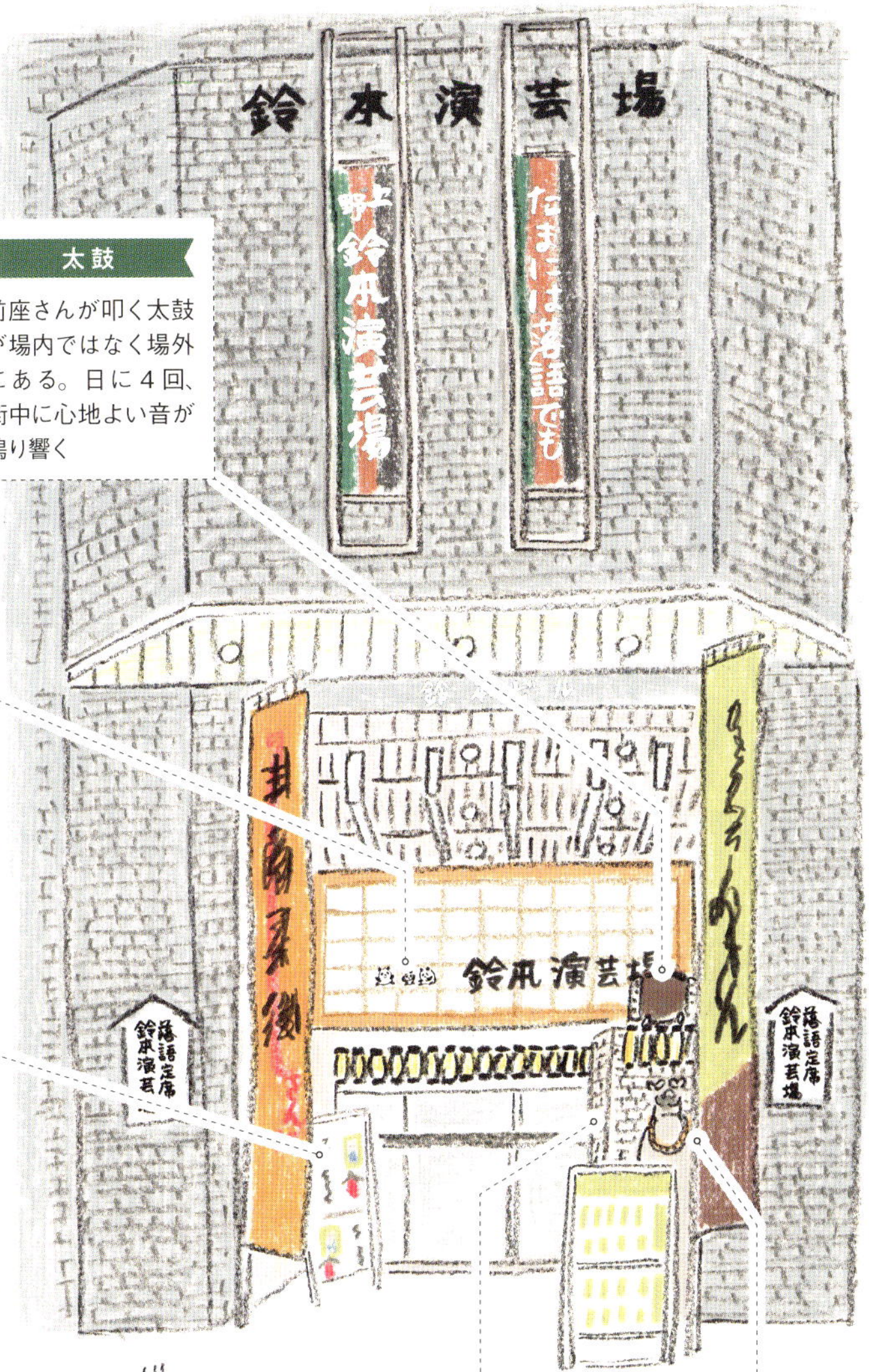

太鼓

前座さんが叩く太鼓が場内ではなく場外にある。日に4回、街中に心地よい音が鳴り響く

紙切り

近くに上野動物園があるのでパンダの紙切りが！ 林家正楽師匠のお手製で、シャンシャンも！

招木（マネキ）

出演者の名前が書かれた看板。写真付きなので分かりやすい

木戸

太鼓の置いてある台が木戸（チケット売り場）。チケットを手に入れて自動ドアを通ると、モギリがいる

石獅子

入口両脇に鎮座している。日本の狛犬とも似ているが、両方とも口を開けた阿形で、たくさんの鈴を首にかけている

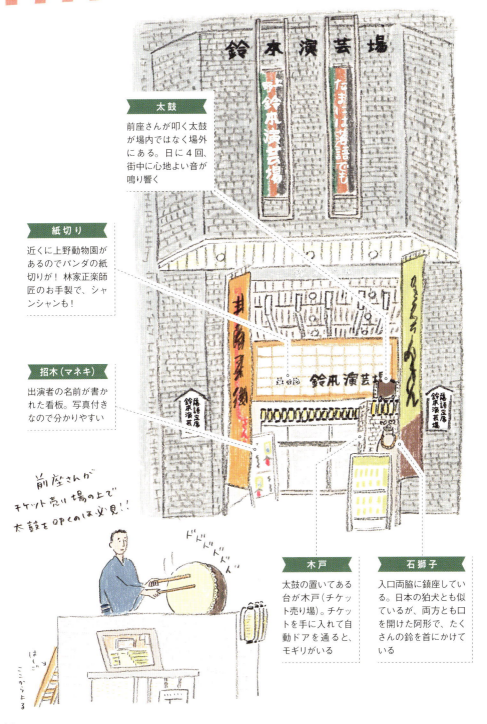

浅草演芸ホールは肩肘張らずに

隣は東洋館

都内で唯一の色物専門。お笑いの聖地・浅草六区でここも365日営業

招木（マネキ）

その日の出演者が写真付きで出されているので、分かりやすい

顔出し看板

浅草六区の名物。顔を入れてパシャリ！ 落語家気分になろう

一年365日休みなく営業

在りし日の浅草六区の隆盛を思わせるカラフルなのぼりがはためき、立看板や出演者の顔写真が掲示され、呼び込みのお兄さんたちも威勢がよく、入る前からハレの気分になります。

すっと入ってわずか10歩で演芸空間に入れるのも魅力的。東京有数の観光地とあって、地方からの団体客や観光客も多く集います。笑いに来ることが目的の方が多いので、演芸を大らかに楽しむムードにあふれています。気さくな客層で場内に笑いが絶えないので、つられて笑ってしまうことも。

二階席からの観覧も可能で、高座を俯瞰できる視点が新鮮。売店では、地元の老舗・浅草志乃多《しのだ》寿

中はこんな感じ
二階席あり！

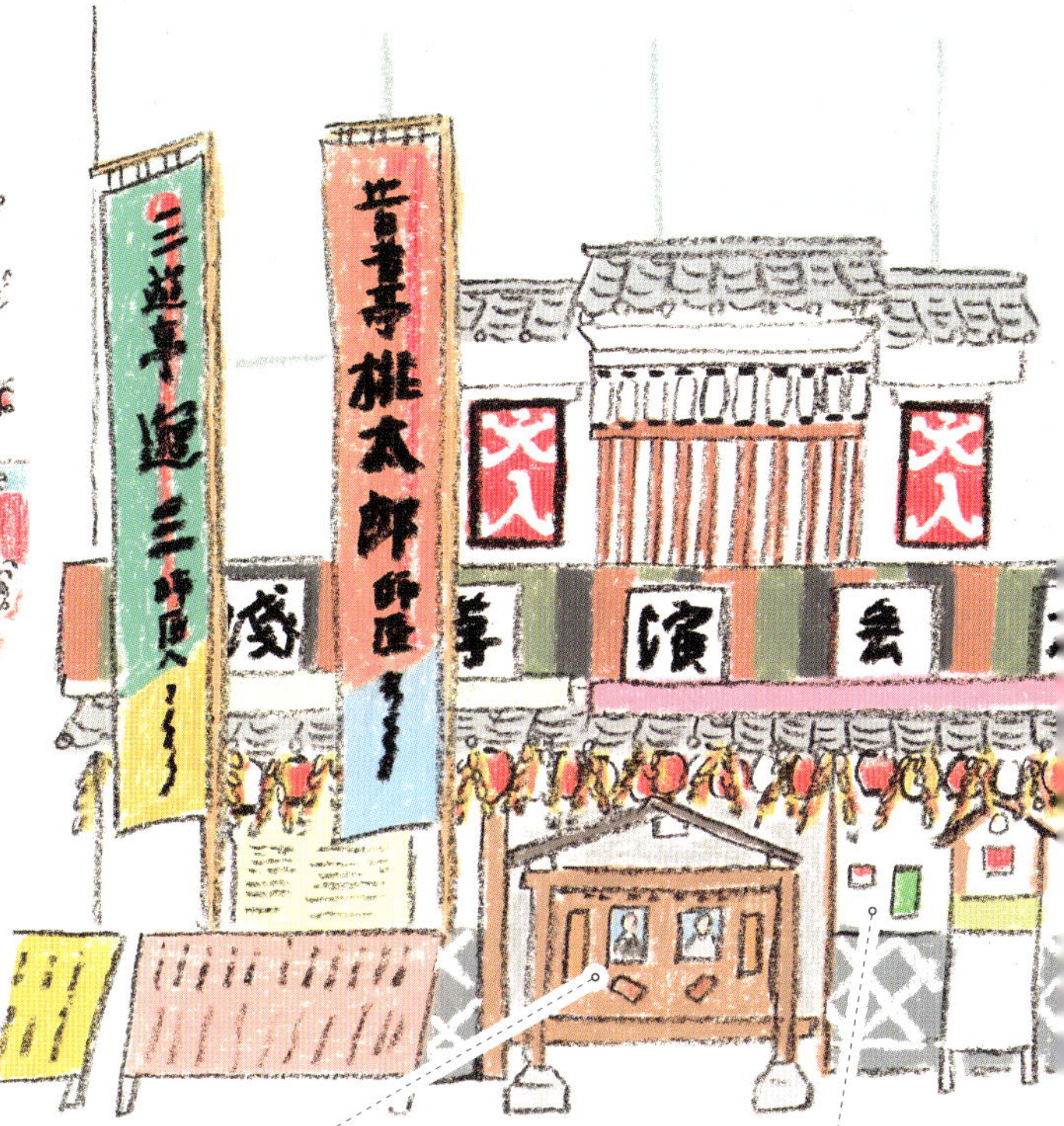

トリの看板

浅草演芸ホールでは、昼・夜のトリの写真が出ている。入口はこの向こう側

木戸

ここで木戸銭を払う。看板猫のジロリがよくいるのはここ。要チェック

とってもおとなしくてかわいい
看板猫のジロリ

司の助六寿司やビール、日本酒などの販売もあります。

昭和39（1964）年のオープン以来、落語協会と落語芸術協会が10日ごとに交互出演。昼夜の入替も基本的になしです。

一階は239席、二階席は101席。木戸には看板猫のジロリくんが鎮座しているので、猫好きさんは挨拶してみてください。

INFORMATION

住所	東京都台東区浅草1-43-12 （六区ブロードウエイ 商店街中央）
電話	03-3841-6545
公演時間	昼の部11時40分〜16時30分、 夜の部16時40分〜21時
料金	一般2800円他 ※18時以降と19時以降は割引あり
アクセス	東京メトロ銀座線・都営浅草線「浅草駅」から徒歩10分、つくばエクスプレス「浅草駅」から徒歩1分
HP	http://www.asakusaengei.com/

池袋演芸場は演者が近すぎる！

下席夜の部

下席（21～30日）の夜は、落語協会特選会や二ツ目勉強会（詳細は43ページ）などが組まれる

入口

ここから地階へ下りるとモギリがいる。入口には灯籠があり、小さな日本庭園のような感じ

駅すぐの都内最小寄席 最後列でも特等席

昭和26（1951年）の開場以来、落語協会と落語芸術協会が交互に出演。6列全92席という都内最小級で、マイクを使わず肉声で伝わります。演者の細かな表情や息づかいまで感じられます。

客席は明るく、演者との距離の近さ、小屋の狭さは大ごちそう。座席には小さなテーブルが付いており、食事やメモ取りなど便利。売店ではスナック、お菓子類の他、オリジナルの手ぬぐいや落語家の書籍、CDの販売も。飲み物は自販機で購入できます。アルコールは禁止ですが、終演後飲みに行く場所は近くにいくらでもあります。

なんと都内唯一、出入り自由なので食事をして再入場することも

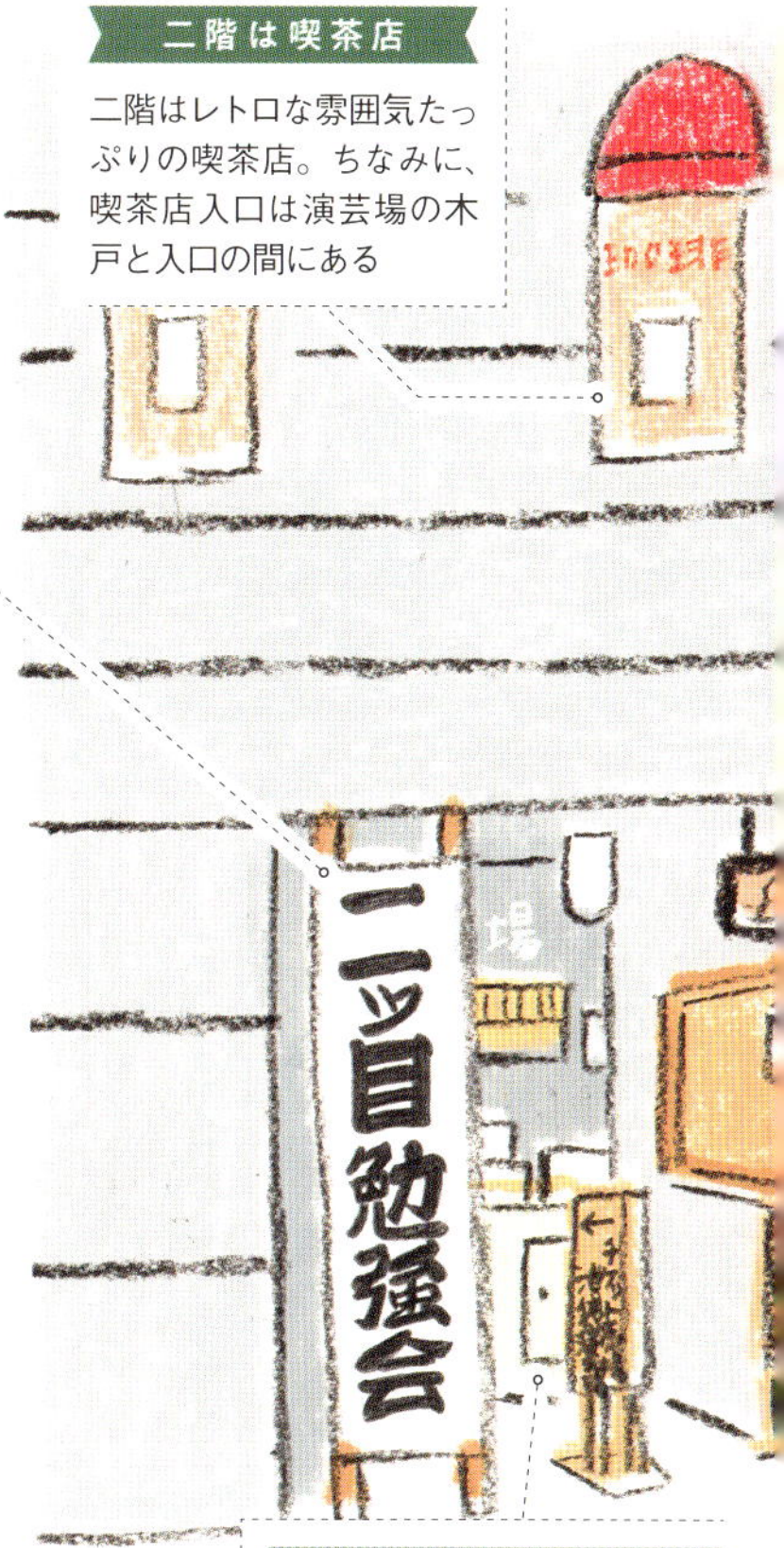
二階は喫茶店
二階はレトロな雰囲気たっぷりの喫茶店。ちなみに、喫茶店入口は演芸場の木戸と入口の間にある
マネキ
出演者の名前や番組名が記されている看板。昼の部の通常興行時は、トリの名が大きく出ている
二ツ目勉強会
木戸
チケットはこの奥まったところで購入を。モニターで上演中の高座を観られて便利

中はこんな感じ

客席数約90席なので一体感、臨場感あり。
座席にしっかりとした
折りたたみ式のテーブルが
（ドリンクホルダー付き）

できる太っ腹な寄席です。楽屋が狭いので出演者が増えると、ロビーでお客さんと一緒にくつろぐ演者がいるのも楽しい場所。

一人の演者の持ち時間が長いので、お目当てありきで来るのもよし。そのせいか、通い慣れた落語通も多いようです。どんな人気者も大興奮の至近距離で観られる池袋演芸場の存在は貴重です。

INFORMATION

住所	東京都豊島区西池袋1-23-1 エルクルーセ
電話	03-3971-4545
公演時間	上・中席昼の部 12時30分～16時30分、 夜の部17時～20時30分、 下席昼の部14時～17時15分、 夜の部18時～20時30分
料金	上・中席一般2500円他 下席昼の部一般・学生2000円他
アクセス	JR各線・東京メトロ各線 「池袋駅」から徒歩3分
HP	http://www.ike-en.com/

よそいき感たっぷり 国立演芸場

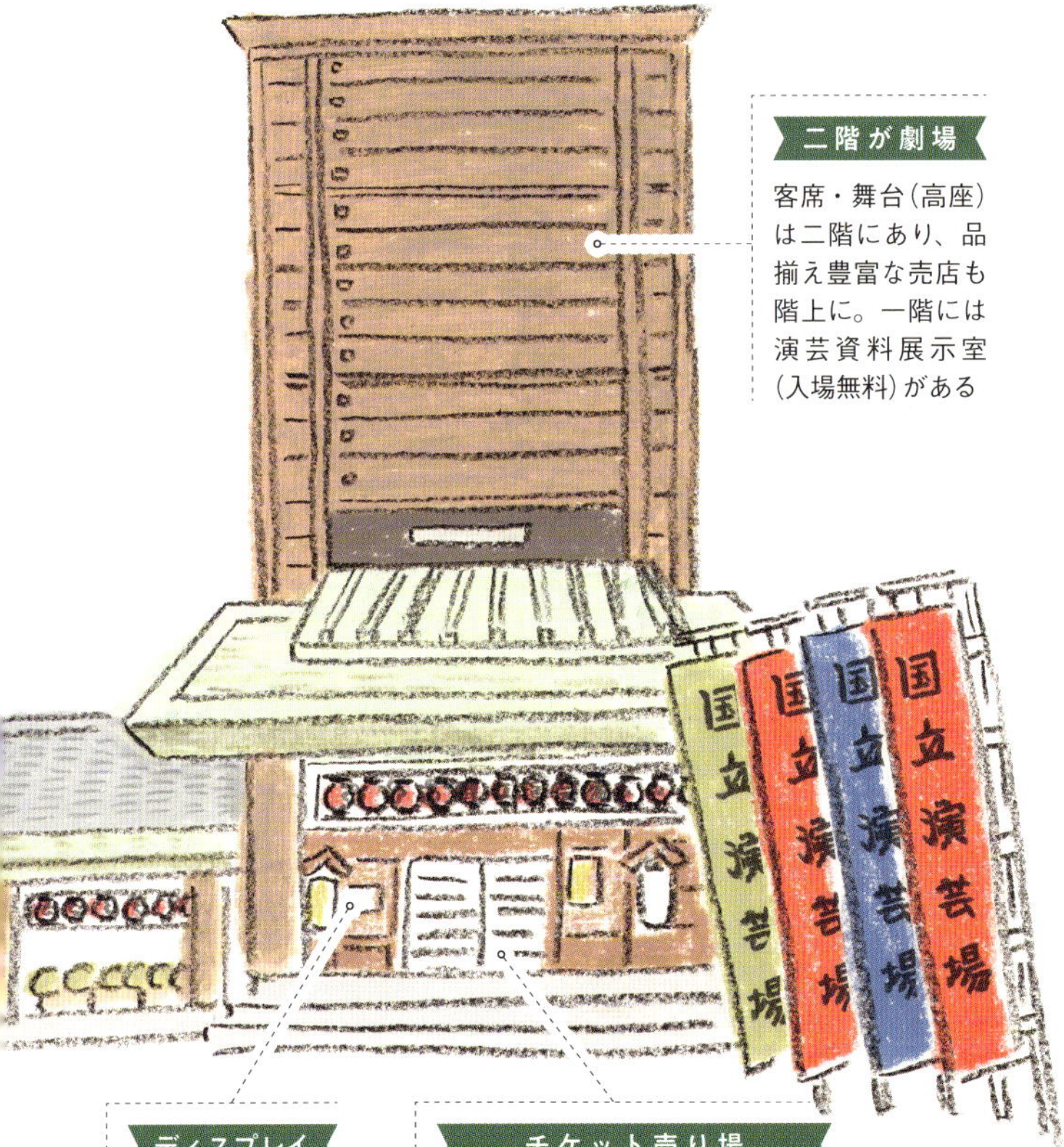

二階が劇場

客席・舞台（高座）は二階にあり、品揃え豊富な売店も階上に。一階には演芸資料展示室（入場無料）がある

ディスプレイ

出演者情報はここのモニターから確認できる

チケット売り場

自動ドア向こうにチケット売り場がある。前売りでもチケットを購入できる。モギリは二階のホール入口に

演芸＝伝統芸能と再認識できる場所

昭和54（1979）年に国立の寄席が誕生。ひと月のうち10日ずつ落語協会と落語芸術協会が交互に出演する定席の他、「国立名人会」や、若手の登龍門となっている大賞を決める「花形演芸会」など特別企画公演を開催し、貸席も行っています。

最高裁判所隣の静かな立地にあり、品よく綺麗な場内です。広いロビーでは飲食も可能。入場料がリーズナブルで、前売りも購入可能です。高齢者や障がい者にも優しいバリアフリーで、トイレの数が多いのもポイント。

売店「あおやぎ」の商品は演芸好きのための、かゆいところに手が届くラインナップ。ボリューム

緞帳《どんちょう》は北斎の
「凱《がい》風《ふう》快《かい》晴《せい》」!!

数か月ごとに変わる展示
落語の定番の所作
演芸資料展示室

伝統芸能の聖地

同じ敷地内に、主に歌舞伎や文楽の公演が行われる国立劇場も。また、伝統芸能情報館もあり、数か月ごとに入れ替わるテーマ展示や図書室を利用できる

バリアフリー完備

劇場は二階建て。エレベーターもあり高齢者、障がい者への配慮もばっちり

たっぷりのおにぎり弁当とサンドイッチ、アイスクリームにホットコーヒーにお菓子……とお客さん目線の品揃え。お酒もビール、日本酒から、酎ハイまで！ 演芸関連の書籍も多く、マニアックなものもあって、つい手にしてしまいます。和雑貨や土産品も多種多様で、休憩時間があっという間です。

一階には演芸資料展示室があり、大衆芸能関係の展示が行われていて見ものです。

INFORMATION

住所	東京都千代田区隼町4-1
電話	03-3265-7411
公演時間	昼の部13時～16時 ※18時～21時の回もあり
料金	定席／一般2100円他
アクセス	東京メトロ半蔵門線「半蔵門駅」から徒歩5分、東京メトロ各線「永田町駅」から徒歩5分
HP	https://www.ntj.jac.go.jp/engei.html

東京以外にもある！

寄席を紹介

横浜や大阪、神戸などでも観られる

ここまで紹介してきた寄席以外にも、日本全国には魅力的な寄席があります。

横浜にあるにぎわい座は平成14（2002年）オープンした演芸場。三・四階にある芸能ホールは391席と大規模です。にぎわい座の近くは、かつて寄席や芝居小屋が多い繁華街でした。横浜生まれの故・桂歌丸の働きかけもあり誕生。毎月はじめの7日間に寄席形式の公演が、その他は独演会や二人会などが日替わりで行われています。

大阪には上方落語の定席・天満《てんま》天神《てんじん》繁昌亭《はんじょうてい》があります。大阪では戦争で焼失してから長いこと定席がありませんでした。そんな状況を打破すべく、平成18年（2006年）9月に待望のオープン。場所はかつて「天満八軒」と呼ばれ、寄席や芝居小屋が立ち並ぶ繁華街だったという、天神橋筋商店街の一角です。午前10時からの朝席、仕事帰りに立ち寄れる乙夜《いつや》寄席など、様々な取り組みがなされています。夜は建物外の提灯に明かりがともり、ムード満点です。

平成30年（2018年）7月には、神戸にも新しい寄席が生まれ、着実に全国に寄席文化が浸透してきていることを実感します。〈編集部〉

POINT

2018年開場 神戸新開地・喜楽館《きらくかん》

上方落語の定席として「東の浅草、西の新開地」と呼ばれた兵庫県神戸市に誕生しました。毎日昼は落語会、夜は落語の他に講談や浪曲、音楽、ダンスなどの公演を開催。

電話 078-335-7088

月初7日間に寄席公演

横浜にぎわい座

横浜

住所　神奈川県横浜市中区野毛町3-110-1
電話　045-231-2525
公演時間　14時～16時30分（横浜にぎわい寄席）
料金　一般2800円、65歳以上2700円、高校生以上1500円、中学生以下1000円（その他の公演の時間、料金は公演ごとに異なる）
アクセス　JR線・市営地下鉄線「桜木町駅」から徒歩3分
HP　http://nigiwaiza.yafjp.org/

※地下には小ホール「のげシャーレ」もある

上方落語の定席

天満天神繁昌亭

大阪

住所　大阪府大阪市北区天神橋2-1-34
電話　06-6352-4874
公演時間　朝席10時～11時30分、昼席13時～16時、夜席18時30分～21時（日により変更あり）、乙夜（第2・第4金曜）は21時45分～23時
料金　昼席一般2500円（前売）、65歳以上2500円、高校生・大学生2000円、小・中学生1500円
アクセス　Osaka Metro谷町線・堺筋線「南森町駅」から徒歩3分、JR東西線「大阪天満宮駅」から徒歩3分
HP　https://www.hanjotei.jp/

その他の演芸場

二ツ目専門寄席

神田《かんだ》連雀亭《れんじゃくてい》

住所　東京都千代田区神田須田町1-17 加藤ビル（レストラン マルシャン）2階
HP　https://ameblo.jp/renjaku-tei/

落語協会主催寄席

落語協会黒門亭《くろもんてい》

住所　東京都台東区上野1-9-5（落語協会2階）
電話　03-3833-8563
HP　http://rakugo-kyokai.jp/jyoseki/index.php?pid=6

落語芸術協会の寄席も

永谷《ながたに》お江戸日本橋亭

住所　東京都中央区日本橋本町3-1-6 日本橋永谷ビル1階
電話　03-3245-1278
HP　http://www.ntgp.co.jp/engei/nihonbasi/

圓楽一門の寄席「両国寄席」開催

永谷お江戸両国亭

住所　東京都墨田区両国4-30-4 両国武蔵野マンション1階
電話　03-3833-1789
HP　http://www.ntgp.co.jp/engei/ryougoku/

圓楽一門や立川流も出演

永谷お江戸上野広小路亭

住所　東京都台東区上野1-20-10 上野永谷ビル2階
電話　03-3833-1789
HP　http://www.ntgp.co.jp/engei/ueno/

寄席の一日、一か月を知ろう

10日ごとに演者は入れ替わる

一年365日ほぼ毎日興行のある寄席。一か月の番組（プログラム）は3つに分けて組まれます。1～10日が上席、11～20日が中席、21～30日が下席と呼ばれます。月末の31日は余一会といって、独演会や二人会など特別な番組が組まれます。

さらに、一日に昼の部と夜の部で2回公演があり、演者は昼と夜で入れ替わります。だから、昼から夜まで入替なしの日に通しで観ると、合計30組以上もの芸人の芸を楽しめるのです。

東京では、落語協会と落語芸術協会に所属している芸人が、10日ごとに交互で出演します。出演者（顔付けという）は協会と席亭《せきてい》（寄席の経営者　※24ページを参照）が話し合って決めます。たくさんの芸人さんが出演して賑やかなところ、比較的じっくり聴けるところ、などと寄席ごとに特長があります。

公演の流れは基本的に左ページの通り。番組表の見どころをつかめるようになると、寄席通いはもっと楽しくなります。

POINT

ハイライトはどこ？

最後の出演者は主任（トリ）と呼ばれ、お客さんの入りを左右するため、興行の顔ともいえる人気真打が登場。また、仲入り前に出演する落語家に注目。行く日に迷ったら、ここの出演者をチェック。

寄席のチラシをチェック！

※下記は池袋演芸場のものをもとに作成

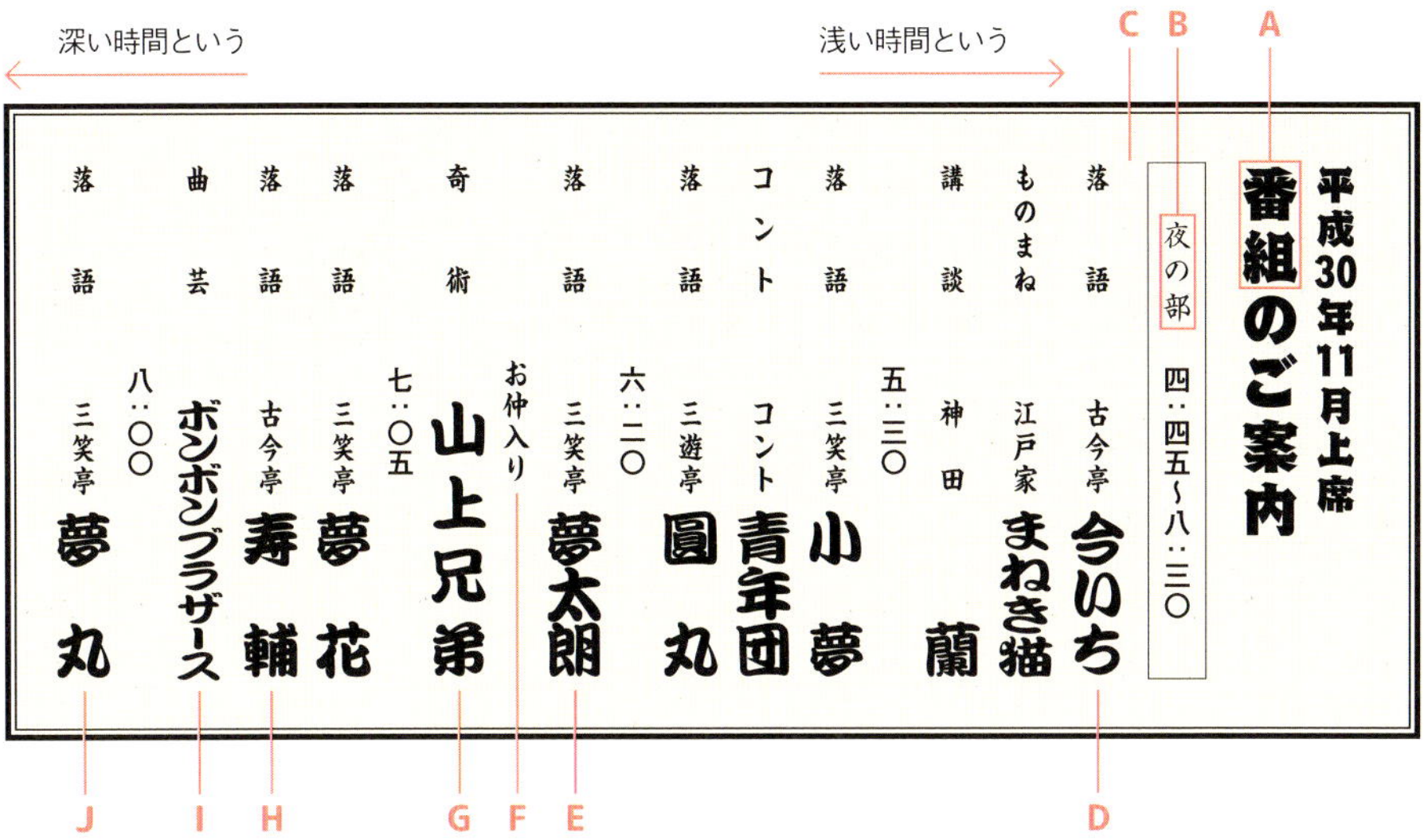
深い時間という
浅い時間という
C
B
A
平成30年11月上席
番組のご案内
夜の部
四：四五～八：三〇
落語 古今亭 今いち
ものまね 江戸家 まねき猫
講談 神田 蘭
五：三〇
落語 三笑亭 小夢
コント コント 青年団
落語 三遊亭 圓丸
六：二〇
落語 三笑亭 夢太朗
お仲入り
奇術 山上兄弟
七：〇五
落語 三笑亭 夢花
落語 古今亭 寿輔
曲芸 ボンボンブラザース
八：〇〇
落語 三笑亭 夢丸
J
I
H
G
F
E
D

A 番組

最初から最後までの番組を「芝居」ともいう

B 夜の部

昼の部は12時前後～17時頃、夜の部は17時前後～21時頃

C 開口一番

サラ口《くち》ともいい、前座が出る。プログラムには載っていない

D 落語

開口一番の後、ここから番組の開始。二ツ目が担当

E 仲入り前

休憩前の出演者。人気者が出ることが多く、トリに次いで重要な位置付け

F 仲入り

休憩のこと。ここから入場すると割引になる寄席もある

G クイツキ

休憩後の出番。休憩中に食事をした人が多いので、この名が付いたとか

H ヒザ前

トリに向かって客席のムードをぐっと引き締める

I ヒザ替わり

寄席の雰囲気をトリまで引き継ぐ重要な出番。ベテランの色物が出演

J 主任

最後に出る人で、トリともいう。興行の顔。持ち時間も30分ほどと長い

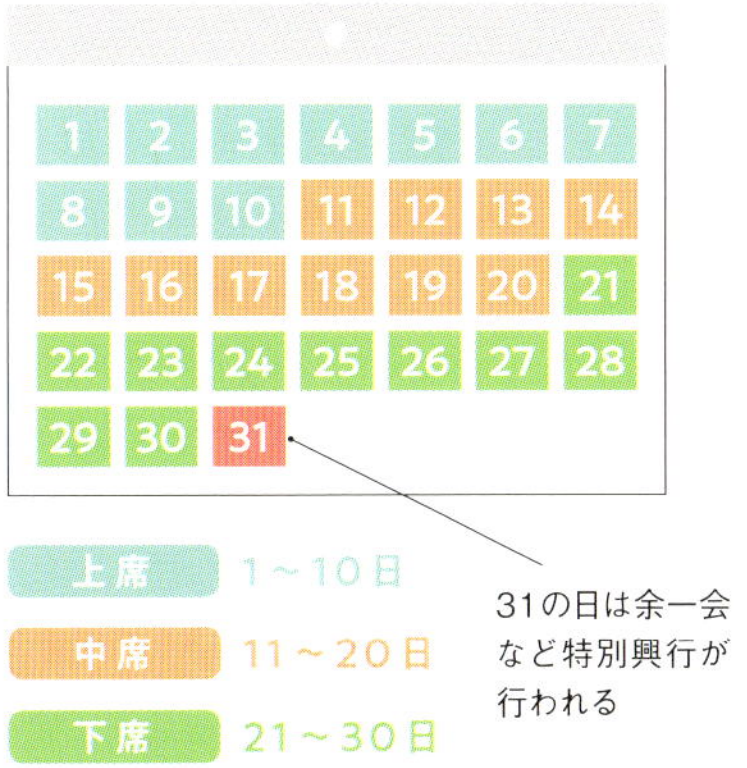
1 2 3 4 5 6 7
8 9 10 11 12 13 14
15 16 17 18 19 20 21
22 23 24 25 26 27 28
29 30 31
上席 1～10日
中席 11～20日
下席 21～30日
31の日は余一会など特別興行が行われる

寄席の一年の見どころを知ろう

新年1日からオープン 寄席で笑い初め

寄席は1月1日から営業します。元日から10日までを初席《はつせき》、11～20日を二之席《にのせき》と呼びます。お正月はいわば顔見世興行。各寄席で主任を務める師匠が、その寄席の推す師匠ということが分かります。出演者は多く、持ち時間は短くなるので、じっくり落語を楽しみたい人には少々慌ただしいですが、お正月らしい年初の華やかな飾り付けで、いつもと違った雰囲気があり、誠によいものです。出演者が多いので、いろいろな演者をあれこれ見たい人にはうってつけ。昔は年始まわりの後で、高座で酔っ払っている落語家が見られるのも一興でしたが、最近はそうでもないようです。

初詣客も多い浅草演芸ホールは、朝9時から夜9時まで四部制に。テレビの寄席中継が入る日もあり、普段は観られない司会のタレントも観られるかも。

その他、春・秋に行なわれることの多い真打昇進披露公演をはじめ、季節ごとに見どころ盛りだくさんです。詳しくは左ページをご参照あれ。

浅草演芸ホールは唯一、大晦日まで営業があり、日替わりの恒例興行が行われます。

POINT

落語通は2月が初寄席？

お正月の興行は華やかですが、大変な混み具合なので、2月が初寄席という人もいます。2月は下席の日数が少なく、若手がトリを取るなどのチャレンジ番組になることも。

寄席の一年の見どころ

1月	正月：顔見世興行（21～30日は通常興行の下席に） 国立 1～7日：新春国立名人会
2月	国立 中席：「鹿芝居」 落語家＝噺家（はなシカ→鹿）の芝居が開催
3月	池袋 下席昼：「落語協会 新作台本まつり」
3～5月	落語協会の春の真打昇進披露興行・襲名披露興行 （鈴本演芸場の下席から各寄席をまわる）
5～7月	落語芸術協会の真打昇進披露公演 （新宿末廣亭を皮切りに披露される）
5月	国立 上席：日本演芸家連合の日替わり公演 （落語協会、落語芸術協会、講談協会、日本浪曲協会、漫才協会、日本奇術協会、ボーイズバラエティ協会、東京演芸協会など各協会による合同公演） 国立 下旬の3日間：「立川流落語会」
6月	6月第一月曜日：「寄席の日」 （寄席5軒の入場料がほぼ半額に！）
7月	浅草 上席昼：金原亭馬生らによる「茶番」 新宿 上席夜：講談・神田松鯉の怪談噺でトリ 浅草 中席：ハワイアンバンド「アロハマンダラーズ」出演
8月	浅草 上席昼：「にゅうおいらんず」出演 浅草 中席昼：「納涼住吉踊り」 上野 中席夜：「さん喬・権太楼 特選集」 浅草 下席昼：若手による「大喜利 謎かけお笑い七福神」
9月～11月	落語協会の秋の真打昇進披露興行・襲名披露興行 （鈴本演芸場の下席から各寄席をまわる）
10月	新宿 中席昼：大喜利で三遊亭遊三と桂伸乃介による二人羽織 国立 下旬の3日間：五代目圓楽一門会による特別公演
12月	上野 中席夜：「芝浜」などを日替わりの落語家がトリで 上野 下席夜：「琴調六夜」講談の宝井琴調がトリ 新宿 下席夜：むかし家今松がトリ 新宿 29日昼：「入船亭扇遊・春風亭正朝二人会」 新宿 29日夜：「さん喬・権太楼二人会」

若手、中堅、ベテラン、大御所まで勢ぞろい。一人の持ち時間は5～10分。次から次へと登場する。獅子舞が登場する寄席もある

所属協会の垣根を超えた人気者が勢ぞろいする。持ち時間も顔見世興行より長めでじっくり聴ける

一般公募した新作落語の優秀作を毎日日替わりで、トリの落語家が高座にかける。この日は新作だけお披露目

2019年は歌之介改メ四代目三遊亭圓歌の襲名披露興行が決定している

昔ながらの茶番を一座で披露。芝居のまね事をしながら滑稽を演じる

演芸家がアロハシャツにレイを下げ、楽器演奏や歌を披露

三遊亭小遊三率いる落語家デキシーバンドのライブが仲入り後にある

仲入り後に、落語家と色物芸人が総出で「深川」「かっぽれ」などを踊る

※表中の新宿は新宿末廣亭、浅草は浅草演芸ホール、池袋は池袋演芸場、上野は鈴本演芸場、国立は国立演芸場。
※上記日程はあくまで予定です。その年によって開催日時・内容が変わることがありますので、詳細は各寄席のHPなどをご確認ください。

寄席の裏側はどうなっているの？

日々の寄席を支えるチームワーク

ほぼ毎日、朝から夜まで開いている寄席。その裏側では大勢の人たちが働いています。もちろん、寄席それぞれにスタッフさんがいます。外でお客さんを出迎える方、木戸でチケットを売る方、場内でお客さんを案内する方などです。

高座のすぐ裏側で興行がうまく進むように大忙しに動いているのが、前座と呼ばれる修業中の落語家・講釈師たち。前座とは、入門してから半年〜一年ほど見習い期間を終えた若手のことです。

前座は公演一時間半ほど前に楽屋に入り、その日の用意をはじめます。そして、公演がはじまると、左ページのイラストの通り、高座の表でも裏でも仕事は盛りだくさん。少ない日は二人でこれらをこなします。これらたくさんの仕事は、紙に書かれたマニュアルがあるわけではなく、先輩から後輩へとその場その場で伝えられていくものです。こうした仕事を通じて、前座は師匠や先輩、後輩など周囲の人たちとの信頼関係を築いていき、一人前の芸人として成長していくのです。

〈編集部〉

POINT

立前座《たてぜんざ》の連携プレイ

十数人も集まる前座たち。当日は、自分たちでなすべき仕事を各々把握して動いているのだそう。一番芸歴の長い立前座が監督の役割を担い、見事なチームプレイが繰り広げられています。

前座さん追っかけレポート！

in 浅草演芸ホール

二ツ目さんの落語会に行ってみよう

若手落語家を応援するそんな楽しみ方もオツ

関 西にはないのですが、東京の落語界には階級制度があります。まず師匠のところに弟子入りしたら、見習い期間がはじまります。半年から一年ほどで前座となり、芸名がもらえます。

前座を三～五年ほど修業した後、「二ツ目」となり、ようやく一人前の落語家として認められます。そして、さらに鍛錬を重ねて腕前を認められれば、晴れて「真打」となるわけです。

二ツ目は寄席の下働きから解放されますが、自力で稼がなくてはいけません。寄席の通常興行では、二ツ目の出演は基本的に「開口一番」と呼ばれる前座の後の出番のみ。昼・夜の部各一人だけなのです。

そこで、若手の育成のためにと、二ツ目だけの特別興行も行われています。新宿末廣亭の深夜寄席（19ページ）や池袋演芸場の二ツ目勉強会（左ページ）などです。いまや人気者の真打も二ツ目だけの特別興行に出ていた時代があります。未来の名人を見守る気持ちで、ぜひ足を運んでみてください。

〈編集部〉

POINT

二ツ目専門寄席もある

二ツ目の落語家、講釈師のみが出演するのが、東京にある「神田連雀亭」。500円で３人の高座が聴ける「ワンコイン寄席」はほぼ毎日の昼に開催。1時間公演なので気軽に楽しめます。

二ツ目勉強会に行ってみよう！

in池袋演芸場

いつやるの？

池袋演芸場の下席のうち夜の部・火曜日に開催。落語協会主催で、同協会理事が客席で聴いていて、最後に反省点を伝えてくれるところが特長。

300回を超える人気番組

元々は三代目古今亭志ん朝が若手のためにと発案したもの。

木戸銭1000円

若手の成長を見守るという楽しみから通うファンもいる。

二ツ目さんに質問！

1 なぜこの噺を選んだの？
2 二ツ目勉強会（寄席）の魅力は？
3 二ツ目勉強会の高座は通常興行と比べどう違う？

2018年10月取材時はこの5人が登場！

柳家《やなぎや》かゑる　まめだ

1 なるべく自信のある噺を！
2 理事の師匠方が聴いている緊張感がお客さんにも伝わっているみたいです
3 お客さんが若手を応援すべく温かい目で見てくださっているようです

春風亭正太郎《しゅんぷうていしょうたろう》　花色木綿《はないろもめん》

1 覚えたて＆悩み中のネタを！
2 自分のファンばかりではないので、お客さんの反応が勉強になります
3 若手を育てようという温かい視点で聴いてくださっているなと感じます

三遊亭《さんゆうてい》たん丈《じょう》　秋田弁金明竹《あきたべんきんめいちく》

1 いま聴いてほしい噺を！
2 伝統や歴史の中にいるんだという感じで特別です
3 何だか試験を受けているようで緊張します

春風一刀《はるかぜいっとう》　悋気の独楽《りんきのこま》

1 チャレンジしたいネタを！
2 寄席は前座から師匠までの落語家、色物の先生までチームプレーが美しい場所です
3 楽屋は和気あいあいとしているけど、若手同士なので真剣勝負です

入船亭遊京《いりふねていゆうきょう》　粗忽の使者《そこつのししゃ》

1 行き詰まっているネタを！
2 自分の会と違い、よい意味での緊張感があります
3 通常興行では二ツ目ができないネタもでき、背伸びした気分になります

最後は反省会

終演後に場所を移して、師匠が反省点を各自に教示してくれる。残念ながら反省会は非公開！

寄席で買えるフード&グッズ

寄席は飲食可能&持ち込みも可能なのですが、せっかくなので寄席の売店で購入して、気分を盛り上げましょう。可愛いグッズも紹介します。

FOOD & DRINK
寄席は飲食OK♪
気軽な気持ちで楽しめていいね～

神田志乃多寿司の助六寿司は谷内六郎《たにうちろくろう》さんによるイラストの内箱がキュート。いなりは甘さ控えめのお味（鈴本演芸場）

地元浅草の老舗・志乃多寿司の助六寿司。煮汁ジューシーないなりとかんぴょう巻き（浅草演芸ホール）

350
150
300
500
甘納豆

昔懐かしいお菓子もたくさん～（池袋演芸場）

おかず豊富なお弁当は600円とリーズナブル。飲み物やアイスも販売（新宿末廣亭）

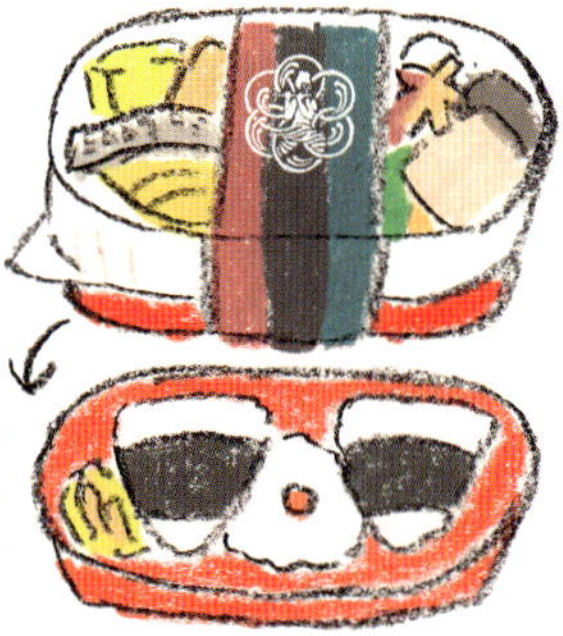

売切れ必至のおにぎり弁当は豪華な2段重ね。上におかず、下におにぎりが（国立演芸場）

手づくりおかき、どら焼きなどお菓子は、箱詰めもありお土産にも（国立演芸場）

GOODS

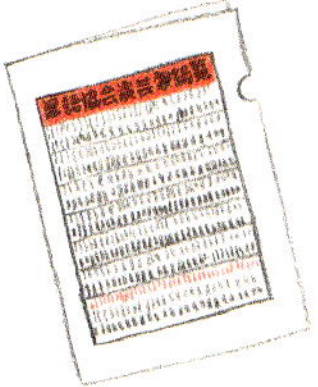

落語協会所属の落語家の名を連ねたクリアファイルも味がある（鈴本演芸場、新宿末廣亭、浅草演芸ホール、池袋演芸場）

落語や伝統芸能関連の書籍、CDも豊富に揃う（国立演芸場）

ふろしきやハンドタオルも豊富。奈良薬師寺東塔の水煙から生まれた楽天女のロゴが素敵（国立演芸場）

寄席のオリジナル手ぬぐい。すべて揃えてみたくなる♪

ほのぼのとしたイラストのものや「和」と書かれた渋めの3種類（池袋演芸場）

打ちあがる花火の柄が粋な手ぬぐいなど2種類（浅草演芸ホール）

色と柄違いで５種類あり、どれにしようか迷ってしまう！（鈴本演芸場）

ALCOHOL

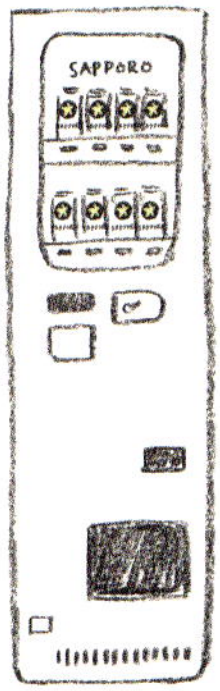

鈴本演芸場ではビールの自販機がある！

国立演芸場には日本酒、ワイン（白・赤）も！

※新宿末廣亭と池袋演芸場は飲酒、お酒の持ち込み・飲酒はできません。国立演芸場はロビーのみ飲酒可能です。

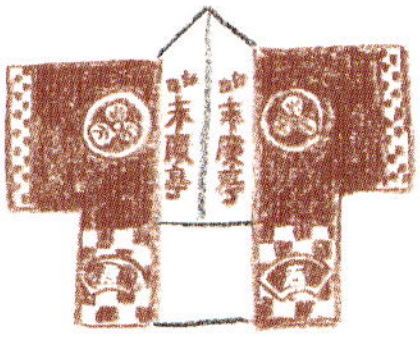

ユニークなはっぴ型や注染手ぬぐいなどが揃う。提灯は寄席気分を持ち帰りたい時に！（新宿末廣亭）

『東京かわら版』を使いこなそう！

日本で唯一の寄席演芸専門誌

創刊号は昭和49（1974）年11月号。落語・講談・浪曲・漫才・マジック・太神楽・紙切りなど、寄席演芸の情報がコンパクトな誌面にぎっしり詰まっています。出演者情報の他、関東圏内で開かれる大小の会をとりまぜて毎月1000件以上、紹介しています。

落語が好きな著名人が登場する巻頭エセーのコーナー、話題の演芸家さんへのインタビューの他、人気連載も多数。ハンディサイズなので、落語ファンの方は常にカバンに入れて持ち歩いているそうです。広告も落語会や落語CDなど、演芸関連のものばかりなので、貴重な情報源。隅々まで見逃せません。

情報はライブだけでなく、演芸界最新ニュースの他、演芸に関するCDやDVD、本の発売情報もフォロー。テレビやラジオの演芸番組放送予定表もあります。すぐにチケットが完売してしまう人気の会も、チケット発売日をお知らせする「早耳情報」でチェック。

どんなものなのか一度見てみたいという方には、見本誌（バックナンバー）を無料でお送りしますので、左記までご連絡を！

INFORMATION

『東京かわら版』

- 毎月28日発行、定価500円（特別号を除く）
- A5変型判（新書判を一回り大きくしたポケットサイズ）
- 160頁前後（号によって変更あり）
- 各寄席をはじめ、全国の書店で販売

東京かわら版編集部

住所 東京都中央区築地1-9-1 井上ビル4階
電話 03-3542-3610
FAX 03-3542-3611
HP http://www.tokyo-kawaraban.net/

『東京かわら版』の便利な使い方

お目当ての演芸家がいる場合は

演芸家ごとに出演日が載っている「出演者別掲載日索引」を開く

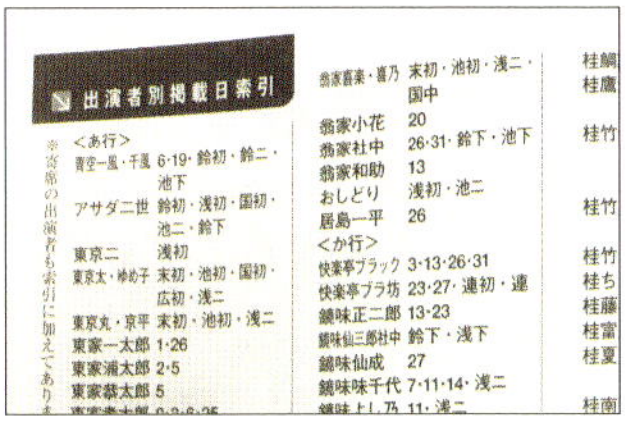

開催日ごとに落語会が載っている「落語・講談・浪曲 ●月の演芸会情報」を開く

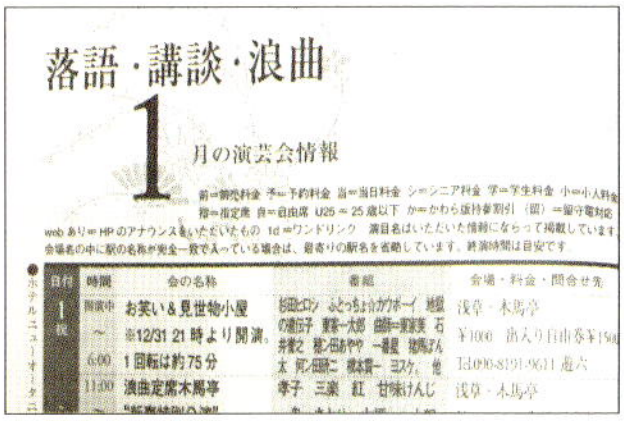

行きたい日時が決まっている場合は

「落語・講談・浪曲 ●月の演芸会情報」から行きたい日の落語会をチェック

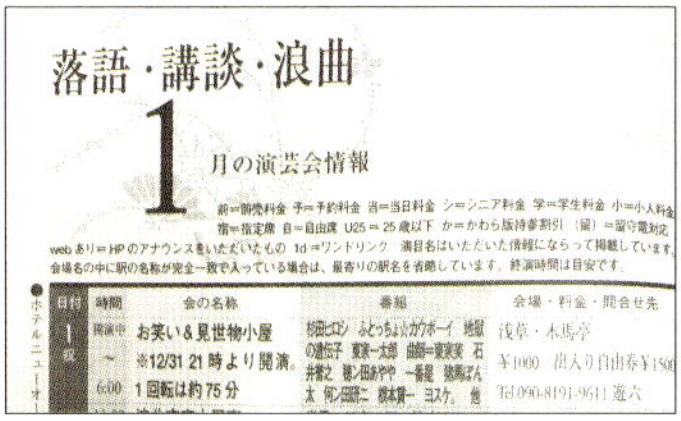

「東京寄席案内」のページにも1か月分の寄席の出演者名が載っている

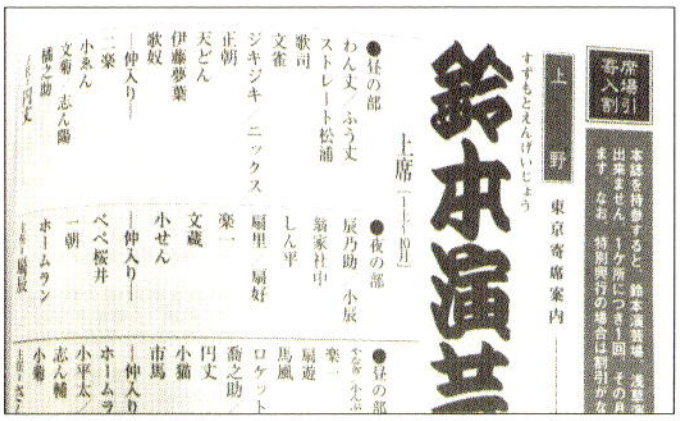

こんなページもあるよ！

- 「PICK UP」　編集部おすすめの会を厳選
- 「関所外の情報」　関東以外での落語会を紹介
- その他、飛行機機内の演芸番組までガイド

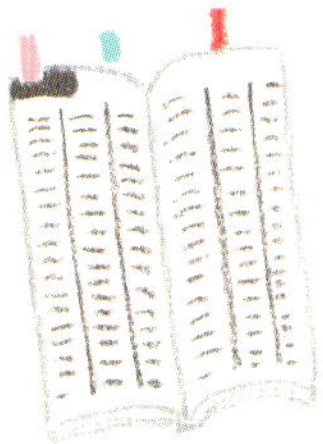

付せんやマーカーを使うと分かりやすい！

情報は後ろから見るんだよ

『東京かわら版』を持って寄席に行くとお得☆

新宿末廣亭、浅草演芸ホール、鈴本演芸場は300円、国立演芸場は200円を大人料金から割引に！2回観に行けばモトが取れちゃう。

こちらもおすすめ！

『東都寄席演芸家名鑑』

一家に一冊あると便利！

現役演芸家（落語・講談・浪曲・寄席色物）の顔写真とプロフィールが800名以上載っているだけではなく、亭号からも名前からも引くことのできる人名索引や現役の師弟系図も付いたスグレモノ。2000円。2019年1月発行。東京かわら版・編

落語家の下の名前からも検索できて大助かり！

江戸～明治時代

職業的落語家の誕生と寄席スタイルの登場

落語の元祖と呼ばれるのは安楽庵策伝《あんらくあんさくでん》。安土桃山時代に登場した僧で、面白可笑しく仏道を説いて聞かせていました。彼の説話集『醒睡笑《せいすいしょう》』には、いまも有名な「子ほめ」「平林」などの落語が収録されています。その後1600年代後半に京都、大坂、江戸で職業としての落語家が登場。京都では露《つゆ》の五郎兵《ごろべ》衛《え》が路上で、大坂では米沢彦八《よねざわひこはち》が神社の境内などでお客さんを呼び集めて噺を披露しました。一方、江戸では鹿野武左衛門《しかのぶざえもん》が、屋内の座敷で噺をはじめます。これらは不定期開催でした。

落語界に寄席という形が芽生え出したのは、18世紀後半。「江戸落語中興の祖」烏亭焉馬《うていえんば》が落語の会「咄《はなし》の会」を催しました。1786年にはじまり、毎年開催されるようになります。これが寄席の原型といわれています。

そして1798年、初代三笑亭可楽《さんしょうていからく》が寄席興行を開始します。この頃はまだ講談の方が人気は高かったのですが、やがて落語も勢力を拡大していきます。しかし、1842年、「天保《てんぽう》の改革」で「寄席制限令」が発せられました。

〈編集部〉

POINT

上方の寄席誕生は？

上方で寄席のスタイルを確立したのは初代桂文治《かつらぶんじ》。1798年、大坂で神社の境内に、常打ちの咄小屋を建てて寄席を立ち上げました。鳴り物入り、道具入りの芝居噺を創作し、得意としていたとされます。

文久3（1863）年出版の『粋興《すいきょう》奇《き》人伝《じんでん》』に描かれた寄席の風景（国立国会図書館蔵）。

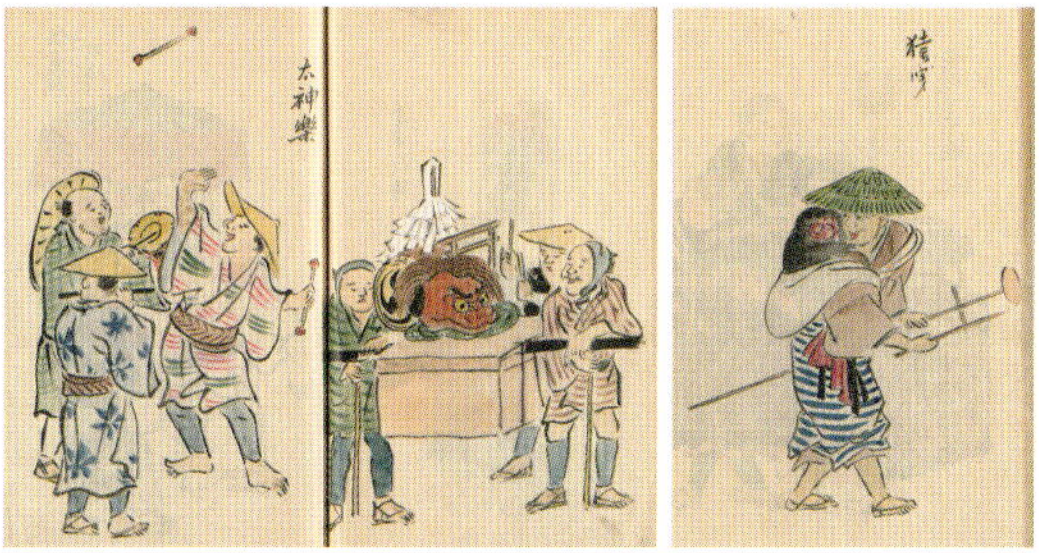

江戸時代に描かれた大衆演芸芸人。
写真右が猿まわし、左が太神楽。
『世《よ》渡《わたり》風《ふう》俗《ぞく》圖《ず》會《え》』（国立国会図書館蔵）から。

落語家の初代三笑亭《さんしょうてい》可楽《からく》。
江戸ではじめて寄席興行を開いたとされる。
『世《よ》渡《わたり》風《ふう》俗《ぞく》圖《ず》會《え》』（国立国会図書館蔵）から。

寄席の歴史②

明治時代以降

戦争や大震災を乗り越えて再ブーム

改革の規制が解かれると、寄席の数は徐々に増えていき、1850年代には寄席は400軒まで膨れ上がります。当時は畳敷き桟敷席で100人ほどの収容数でした。明かりはろうそくと提灯だけですが、夜興行がメインでした。

明治になると娯楽は多様化し、交通網が発達。人々の暮らしが変わり、寄席は残念ながらまた減ってしまいます。1941年、太平洋戦争が勃発。戦時下にふさわしくない落語53種が封じられるなど、落語界にとって厳しい時代を迎えます。終戦後、上野の鈴本演芸場が仮営業を開始。その後、新宿末廣亭も開場します。

やがてラジオの普及やテレビ放送の開始で、落語家の多くがメディアに出演。人気者が出るホール落語は連日満員になり、寄席も実力派が増え賑わいを取り戻します。

平成に入ると、テレビドラマやマンガなどで落語が取り上げられ、若い人も落語会・寄席に集うようになり、また雰囲気が変わってきたようです。寄席の新しい時代はこれから、といえるでしょう。

〈編集部〉

POINT

幕末の大スター圓朝《えんちょう》

幕末から明治にかけて彗星のごとく現れた初代三遊亭圓朝。近代落語の祖と呼ばれ、彼の創作した怪談噺、人情噺などはいまもよく高座にかかるものばかり。歌舞伎でも上演されるほどの人気ぶりでした。

昭和20～30年頃の新宿末廣亭の外観（写真上）と内観（下）。高座に上がっているのは二代目三遊亭円歌で、よそいきの服装で集うお客さんの笑顔が印象的（写真提供：新宿末廣亭）。

『東京かわら版』が
昭和49（1974）年、
創刊！

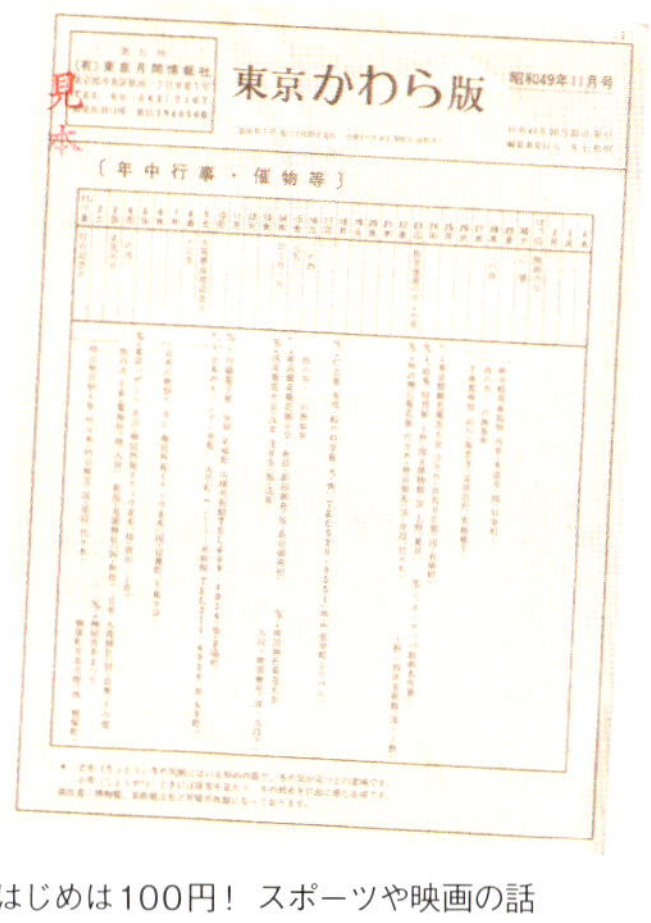
見本
東京かわら版
昭和49年11月号
〔年中行事・催物等〕

はじめは100円！ スポーツや映画の話題も盛り込まれていた。

知っておきたい寄席用語集

知っておくと、寄席体験がもっと楽しくなるキーワードを集めました。〈編集部〉

一番太鼓（いちばんだいこ）
開場時に叩く太鼓。お客さんがたくさん来場するようにという気持ちを込めて「どんどん、どんと来い」と打つ。終演時に叩くのは「追い出し太鼓」。

一枚看板（いちまいかんばん）
通常の看板は一枚に複数の名を書くが、人気者は一枚の看板にその名前だけを書いたことから、大スターを指すように。大看板《おおかんばん》ともいう。

色物（いろもの）
落語以外の出し物のことで、看板や番組に朱文字で書かれたことから、こう呼ばれる。太神楽、漫才、曲芸、紙切りなど。

大喜利（おおぎり）
寄席の最後に行われる余興。大勢の芸人が舞台に出て謎かけゲームや踊りなどで盛り上げることも指す。

お囃子さん（おはやしさん）
芸人が登場する時の出囃子を三味線で演奏する人。

開口一番（かいこういちばん）
寄席や落語会の一番はじめに出演する人。原則として前座が務める。

上席（かみせき）
一か月興行の1～10日までのこと。

木戸銭（きどせん）
チケット代のこと。チケット売り場を木戸と呼ぶ。

クイツキ
仲入り後に高座に上がる出演者のことで、お弁当やお菓子を食べているお客さんが多いことから、この名が付いた。

下座（げざ）
三味線、太鼓など鳴り物全般。

高座返し（こうざがえし）
次の出演者のために座布団を返し、メクリをめくって準備を整えること。前座の役目。

香盤（こうばん）
落語家を入門順や昇進順に並べた一覧表。あるいは地位そのものを指す。

サゲ
落語の最後を締めくくる言葉、オチのこと。

鹿芝居（しかしばい）
落語家（噺家）による芝居。はなしかのしばいで鹿芝居と呼ぶ。2月に国立演芸場で開催される。

下席（しもせき）
一か月興行の21～30日までのこと。

主任（しゅにん）
番組の最後を締める出演者のこと。興行の責任者で真打クラスが担当する。お客さんを呼べる力量が問われる。トリともいう。

初日（しょにち）
一か月興行の初日のこと。上席なら1日、中席なら11日、下席なら21日に当たる。

真打（しんうち）
落語家の一番上の階級。寄席で主任（トリ）をとれ、弟子も取ることができる。

席亭（せきてい）
寄席の経営者。プログラムを決める。席亭の推薦で演者の昇進が決まることもある。

先生（せんせい）
色物さんへの敬称。落語家は師匠、大師匠と呼び、色物芸人の多くを落語家は「○○先生」と呼ぶ。

代演（だいえん）
番組表に掲載されている人の代わりに出る人。寄席の代演情報は当日発表が多いが、新宿末廣亭はツイッターで最新情報を発信している。

つばなれ
お客さんの数が10人を超えていること。一つ、二つ……ここのつ、と数えていくと、とお、で「つ」がなくなるのでこう呼ばれる。

亭号（ていごう）
落語家の屋号で、芸名の名字。古今亭、柳家、立川、春風亭、三遊亭、林家、桂などがある。

出囃子（でばやし）
高座に上がる時にかかるテーマソングのようなもの。二ツ目以上の落語家は一人一人曲が決まっている。

仲入り（なかいり）
休憩時間。この間に食事を済ませられるとベスト！

中席（なかせき）
一か月興行の11～20日までのこと。

中日（なかび）
寄席興行の5日目。

鳴り物（なりもの）
太鼓、三味線など音が出るもの。

二番太鼓（にばんだいこ）
開演5分前に叩く太鼓。これからはじまるという合図で「おたふく（多福）来い来い」と叩く。

根多帳（ねたちょう）
寄席や落語会でその日に演じられたネタを書いてある帳面。演題と演者名が墨で書かれ、これを見ながら落語家はその日のネタを考える。

はめもの
噺の途中に三味線などのBGMが入る落語。上方落語や芝居噺に多い。

ヒザ替わり（ひざがわり）
主任の前に出る出演者のことで、お客さんの気分を軽くする役割。色物が出ることが多い。

二ツ目（ふたつめ）
落語家の階級制度の2ステップ目。前座の次に出演するのでこの名が付いた。高座で羽織を着られるようになる。

マクラ
噺の本番に入る前に話す導入部分。身近な話題や時事ニュースなどでお客さんを引き付けてから、本編に入る。

招木（マネキ）
招き看板のことで、寄席の木戸口に掲げられている。主な出演者名が書かれている。

メクリ
大きめの紙や木札に出演者名を書いたもの。高座の端に出されていて、前座がめくるので、こう呼ばれるようになった。

余一会（よいちかい）
31日に行われる興行のことで、特別な番組となることが多い。寄席は10日興行なので、一日余ることからこの名が付いた。

寄席文字（よせもじ）
落語でよく使われる独特の書き文字。お客さんがたくさん入るようにと紙面いっぱいに描くなどの特徴がある。

楽日（らくび）
寄席興行の最終日。

割り（わり）
寄席に出演した芸人の出演料。お客さんの入りによって金額が変わるとか。

特別インタビュー 02

瀧川鯉昇

RISHOU TAKIGAWA

22歳で入門後、40年以上にわたり第一線で活躍する鯉昇師匠。学生時代から寄席通いをされていたそうで……。

落語をやるよりも本当は聴いていたい。寄席芸人でいたい。

——師匠は寄席でもホールでの落語会でも活躍される、オールラウンドプレーヤーです。

鯉昇　寄席にずっと出してもらえるようになったのは、ここ十年ぐらいなんです。それまではしゃべる場所を自分で作らなきゃならなかった。そこでいろんな場所で落語会を作ってもらったら抜けられなくなっちゃった。いろいろ動いてきたことが少しずつ認められていまがあると思います。正直言うと、僕なんかは落語をやるよりも本当は聴いていたい。経済活動にならないけど。だから……寄席芸人でいたい。

——師匠ご自身が寄席に惹かれているんですね。

鯉昇　でもね、我々も寄席が怖いんですよ。何が起こるか分からないところですし。寄席って十日間興行ですから、初日ってものすごいドキドキするんですよ。そういえばこの前「芸協らくごまつり」（落語芸術協会のファン感謝イベント）の時に、何百人もいる落語の会場のお客様に「この中で寄席に一度も行ったことない人？」って聞いたら8割ぐらいいました。

――あのお祭りに来るようなお客様の中でもそんなに多いんですね。

鯉昇　「なんで？」って聞いたら、「どうしたらいいか分からない」って。それから「怖い」って。変な愛想のないところが楽っていうことに、行き慣れればすぐ気が付くんですが。逆にデパートなんかで従業員がずーっとついてくる売り場あるじゃないですか。あの煩わしさを考えたら寄席は楽で、居心地のいいところです。慣れが必要かと思いますが……。最初はみんな怖がるんですよね。怖かったら……まずは誰かと来てください。

――お客で寄席に行っていた時のことは覚えていますか。

鯉昇　大学時代、昭和46（1971）年頃。落研割っていうのがあったんです。招木（マネキ）っていう寄席の出演者の看板を10日置きに差し替えるんですけど、それを落研が手伝っていたので、落研割が300円だった。午前11時頃に客席にいて終わるのが夜の9時半でしたから、もう夕方の4時頃から腹減って目がまわっているんですよ。でも大体お目当ては夜席のトリの師匠だったので、目がまわった状態で、隣に来ていたおばあさんに「兄ちゃんよく来るね」って話しかけられて「お煎餅食べるかい？」ってもらって、お煎餅でつなぐ。お金はないので、水道の水を飲んで、おばあさんからもらったお煎餅食べて。夜にハネた（終演した）後に食堂へ行って90円のタンメンを食べるのが楽しみでした。

寄席は変な愛想のないところが楽

撮影：武藤奈緒美

——師匠の独演会と違って寄席だと、師匠のことを知らない人もいるわけで、その人たちの前で落語をやることになりますが……。

鯉昇　私の師匠の（五代目春風亭）柳昇《りゅうしょう》が言っていたのは「独演会というのはお目当ての人しか集まっていないところで、一方で寄席は不特定多数の人が集まるところ。その人たちをつかむというのは芸の力次第なんだから」って。寄席は不特定多数の人を相手に自分の力を試すところで、お客様が楽しんでくれたかどうかだけなんだ、と。だから柳昇も先代の文治師匠もあの世代の師匠方も割り切って寄席を大事にしていました。いろんな意味で、まだいろんな楽しみ方ができるところって思ってますからね。これから高齢者が増えてくるとなったら、いままでなかった現象がもっと見られることもあるんじゃないですかね。

寄席は不特定多数の人が集まる。この人たちをつかむのが芸の力

——高齢化でみんな耳が遠くなったり……。

鯉昇　そうなると、絶対聞こえないようにわざと落語やるやつも出てくるだろうし。先代の馬生師匠の名言で「寄席っていうのは何でもいいんだよ、だけど、どうでもよくはないんだよ」と。まさにそういう、いい加減なことじゃなくって、ちゃんと寄席の楽しみ方としていろんなことが起こりうる。

——十数人いるお弟子さんには、寄席の楽しさとか厳しさとか、芸道上のアドバイスはされますか。

鯉昇　何にも言わない方ですね。落語は嫌いになったら我慢してやる仕事じゃないですし。飽きちゃったら、落語が自分にとって魅力ある存在でなくなった段階で、我慢はお互いに迷惑だから故郷《くに》へ帰ってくださいと、うちの一門はそれだけが条件です。

——いろんな落語があっていいですよね。いまの落語界の隆盛はみんなが共存して、いまのブームがあるのかなと、お話を伺っていて思いました。

鯉昇　いま東京に700人噺家がいれば、700通りの考え方や色合いがあると思います。確かに芸としての密度は薄まっているのかもしれませんが、客席に座るの、楽しいと思いますよ。上手いも下手も面白いもつまらないも含めて。ホールの距離感だと、ホールの最前列って距離的に寄席の真ん中らへんですから。寄席の最前列って近すぎるから、つばがすごいかかると思う。でもそういう臨場感は寄席にしかない。この至近距離、それがヤダって言われたら困っちゃうけど

（笑）。僕は芸風として大きな声を出す方じゃないけれど、マイクを使わないところが好きなんですよ。

――高座からお客さんはどう見えますか。

鯉昇　皆さん大人ですから。芸人が死にたくならないように、笑わないまでも、刺すような目はしない（笑）。まだしばらくは、我々が噺家になりたいと思ったこの環境のまんま、あるような気がします。そのうち寄席へ行ってみようかなと思ったら、その環境が継続しているうちにぜひ来てほしい。たぶん何百年前とそんなに変わらない空気を引きずっているはずです。いま見ごろですよ。月に一回来るともう常連さんという扱いになりますよ。寄席も毎日来られると怖いんですけど（笑）、年に数回足を運んでくれると、自分の楽しみ方も持てると思うんです。

寄席の楽しみ方は落語の上手い下手だけじゃない

――好きな師匠の主任（トリ）の時に日参する方もいますね。

鯉昇　毎日は来なくていいから、ときどき、忘れられないうちに来てください。

――師匠の仰る通り、自分なりの楽しみ方のスタイルができたらいいですね。終わったらあそこであれを食べようとか、あの売店のお土産を買って帰ろうとか、そこまで含めて。

鯉昇　新宿（末廣亭）なんかだと座る位置が上手下手で景色が全然違いますしね。下手寄りのところとかだと楽屋の中が2割ぐらい覗けるからそこから出てくる師匠方の雰囲気が感じられますし、サゲを言う前と言った後の表情の違いとか。

――演者の素の部分がふっと出る面白さですね。

鯉昇　寄席の楽しみ方は落語の上手い下手だけじゃない、いっぱい楽しみ方があると思います。

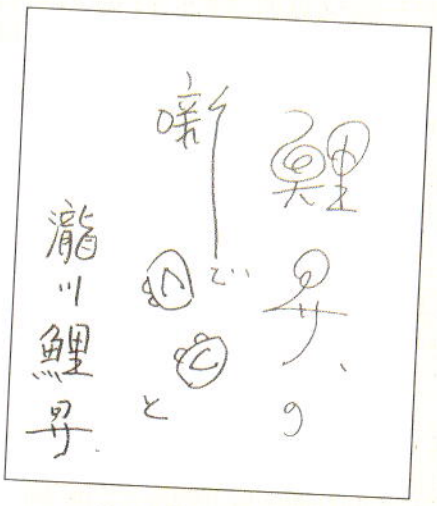

PROFILE

瀧川鯉昇
たきがわ りしょう

1953年2月11日、静岡県浜松市生まれ。1975年に八代目春風亭小柳枝に入門し、前座名は「柳若」だった。1977年、師廃業のため、五代目春風亭柳昇門下へ。1980年、二ツ目になり、春風亭愛橋と名乗る。1990年、真打昇進。春風亭鯉昇に改名。2005年、瀧川鯉昇と改名。文化庁芸術祭優秀賞（1996年）など受賞歴多数。ひょうひょうとした独自のテンポで語る古典落語が秀逸で、時には現代的な要素を散りばめて分かりやすく演じる。出囃子は「鯉」。

COLUMN

寄席を支える人②

お囃子《はやし》

高座の袖で出囃子を弾く女性の総称です。落語家それぞれに出囃子が決まっています。端唄や小唄、長唄など、ありとあらゆる三味線音楽が頭の中に入っていて、それを即興で弾きます。太神楽のこの技の時はこれ、と決まった音楽をBGMのように弾き、時には唄います。晴れて二ツ目に昇進した落語家にどのような出囃子がよいか相談されることも。
本領を発揮するのは紙切りの時でしょうか。その場で出た注文に合わせ、臨機応変にふさわしい曲を弾きます。筆者は「ハロウィン」のお題に遭遇したことがありますが、「魔法使い○○○」のアニメソングの三味線が流れ、思わずニヤリとしたことも。

姿は見えないけど
名人芸！

Part.3

寄席で味わう

寄席では、落語以外にも
いろいろな演芸を堪能できます。
寄席で一番上演数の多い落語から、
太神楽や紙切りといった色物の楽しみ方を
ガイドします。

寄席で味わう

①落語

寄席で最も上演数の多い大衆演芸

小さな座布団に着物姿で座った落語家が、扇子と手ぬぐいを使い、あとは自分の語りと仕草だけで、古きよき江戸っ子世界を描き出します。舞台は江戸時代から明治時代の庶民がメインですが、人によっては現代の人たちを語る人もいます。

いずれにしても、四季折々の情景、親子や夫婦の情愛、人間の業など深い人間ドラマが繰り広げられることに、時代の垣根はありません。落語家によって、噺《はなし》の展開やオチ、登場人物やシーンの描き方などが変わりますので、同じネタでも語る人が違うと、全く違う世界が頭の中に浮かび上がります。

ホール落語と違い、落語家との距離の近さも寄席の魅力。マイクを使わなくても、落語家の肉声が最後列までちゃんと聞こえる小さな寄席もあり、落語家の表情・仕草・声の調子など細かいところまでじっくりと味わえます。

寄席では何人もの落語家が登場しますので、はじめて観る人も多いことでしょう。「この人はじめてだけど面白いな。もっといろいろな落語を聴いてみたいな」――ぜひ、そんな出会いを楽しんでみてください。〈編集部〉

POINT

着物にも注目！

落語家の制服・着物。かつては「黒の五所紋《いつところもん》」と決まっていましたが、いまでは色も柄も多様。着こなし方も人それぞれなので、そこに注目するのも一興。ちなみに紋付羽織は二ツ目から着られます。

落語の見どころ

着物の着こなしを味わうのも粋。羽織や帯との色合いなどを楽しんで
二ツ目に昇進してから羽織や袴を高座で着ることができる
本編がはじまってから、座ってすぐ、羽織を脱ぐタイミングは人それぞれ。噺によっても変わる
座布団は“お客さんとのご縁が切れないように”と、縫い目のない方が客席に向いている

演じ分けを味わおう

落語家は映画や芝居の監督兼演出家

落語は一人で何役も演じ分けるだけでなく、台本（テキスト）を元に編集し、言葉を選び、声色や上下《かみしも》の角度、すべて一人でやる芸能です。加えて、素である自分（素であるように見せている自分？）も含め、出てくるところやマクラ、本編が何層にも絡み合い、すべてを自分で仕切り、一席を作り上げていきます。

侍や花魁《おいらん》、長屋の八五郎に熊五郎、ご隠居さんなどから、新作落語にいたっては、女子高生やＯＬ、地底人やクラゲ、おでん（!?）など、何でも体一つで演じます。

落語家自身の技術はもちろんですが、聴き手である私たちも想像力を駆使し、いままでの自分の経験も照らし合わせ、一つの像を頭の中で描いていきます。先日、とある若手落語家が「名人の落語家の落語は、簡単に絵が頭に浮かぶので、ボケ防止にならない。私の落語は、いま何が起こっているか分かりづらいのでボケ防止に最適（笑）」と言っていました。これは極端な一例ですが、落語家任せではなく、自分で像を紡いで楽しむ芸能が落語です。

POINT

年の功が効果的！？

昔は「落語好き」といえば、高齢者の趣味でした。その理由は、若い人よりも経験値が高いので、解像度の高いクリアな像を頭の中で結べ楽しめるからかもしれません。

「上《かみ》下《しも》を切る」とは？

上下を切る角度は演者それぞれ。中にはほとんど首を振らない人も。

上《かみ》手《て》
（客席から見て右側）

ご隠居や年上の人、目上の人などを演じる時

ただ首を動かすのではなく、声や姿勢を変えて何人もいるように演じる

下《しも》手《て》
（客席から見て左側）

与太郎や子どもなど年下の人、位の低い人を演じる時

仕草を味わおう

扇子《せんす》と手ぬぐいだけで森羅万象を描く

落語家の小道具は扇子と手ぬぐいだけ。扇子は煙管《きせる》や筆、お箸や盃《さかずき》になります。手ぬぐいも、煙草入れや財布、手紙やスマートフォン（！）に大変身。

子ども向けの落語の解説コーナーでは、何をしている仕草か当てるクイズをすることもあります。何をしているのか分かるのは、もちろん私たちの身に覚えがあるから。

昔は落語家の着物姿は観客の私たちと同じ姿で、それが日常の姿でした。手ぬぐいと扇子という生活に馴染んでいるものを使って、話す。この究極にシンプルな形態のおかげで、こんにちまで落語が廃《すた》れず残ったのかもしれません。

仕草が鮮やかで自然で、美味しそうにそばを食べたりお酒を呑んだりするところを見ると、いてもたってもいられなくなり、終演後はそばを食べにいこう、という堅い決心を抱えながら見ることもしばしば。実際、昭和の名人といわれた八代目の桂文楽《かつらぶんらく》が甘納豆を食べる場面のある落語「明烏《あけがらす》」を終えた後は、売店で甘納豆が飛ぶように売れたそうです。

POINT

落語家の手ぬぐい

二ツ目や真打昇進、改名・襲名と同時に、自分の名前の入った手ぬぐいを作ります。手ぬぐいは「自分がどんなタイプの落語家として見られたいか」を表す一手段です。

落語の動き いろいろ

使うのは

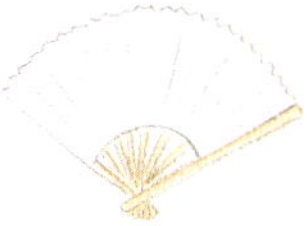

扇子

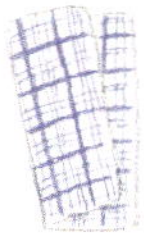

手ぬぐい

そばを食べる

扇子で箸を表わし、手のひらに丼を持って、ズルズルズル

お金を出す

折った手ぬぐいを長財布に見立てて

酒を呑む

開いた扇子に口を付け、大盃《たいはい》に見立てる

煙草を吸う

手ぬぐいと扇子を使って、煙草入れと煙管《きせる》を表現

落語に登場するキャラクターたち

古典落語で語られる江戸っ子たちは、みな愛すべき人たちばかり！
ここに、ほんの一部だけ登場してもらいました。

武士

大名の家来や奉行など。プライドが高いなど庶民に敵対する人として描かれがち

幇《たい》間《こ》

太鼓持ちともいう。遊女の芸事を補佐したり、酒宴を盛り上げたりする

花《おい》魁《らん》

遊郭《ゆうかく》で最高位の遊女。太夫ともいう。江戸中のアイドルだった

八っつあん・熊さん

江戸落語といえば、この二人！ お調子者の八っつあん（八五郎）と、威勢のいい熊さん（熊五郎）

ご隠《いん》居《きょ》

家督をゆずって引退した人。町中の物知りとされていた。のんびり暮らしている趣味人

おかみさん

一家の縁の下の力持ち。いつの時代も女性はたくましく描かれる

若旦那

商家の跡取り息子など、世間知らずの若者としてよく登場する。大旦那の父親には頭が上がらない

与太郎

頭のネジが1、2本抜けたような愚か者だが、落語では大人気！ 時に本質をズバリとつく

子ども

ちょっとませているけど、可愛くて憎めないキャラ。商家に奉公する小僧もいる

江戸っ子を知るともっと面白くなる

長屋

江戸時代のアパート。だいたい四畳半がひと棟で、ここに一家で住んでいた

湯屋

江戸時代の銭湯。上方では、ふろやと呼んだ。江戸っ子は風呂好きで一日に四、五度通う猛者《もさ》も

江戸の風俗や文化を知ると想像力もアップ

落語の舞台は江戸時代がメイン。主な登場人物は町人や職人などの庶民で、ほとんどが質素な生活を送っていました。彼らは長屋《ながや》と呼ばれる集合住宅に借家住まいをしていました。下町の狭い路地に面して建てられたこの木造住宅をいくつかに仕切り、複数の住宅として使っていました。一軒あたりは4畳半ほどと狭い部屋。ここに一家で住んでいました。住人は店子《たなこ》、管理人は大家です。

材木問屋や米問屋など中間層以上の商家《しょうか》もよく登場します。落語お馴染みの若旦那、大旦那、番頭というキャラクターは商家で働く人たちで、大旦那は店の主人、若旦那はその息子です。番頭は使用

遊ぶ

遊郭

廓《くるわ》ともいい、江戸で公式に認められたのが吉原だった。吉原の入口を大門《おおもん》と呼ぶ

商家

たくさんの奉公人を抱えた大きな店は大店《おおだな》と呼ばれ、日本橋通りに多く並んでいた

働く

屋台

屋台で「ファストフード」が流行。そば屋、てんぷら屋、寿司屋などがあった

人のトップであり、大旦那と若旦那の間を取り持ちます。一方で、屋台を持つ人は路上に立ち、行商人は町中を歩きまわっていました。

その他、落語の世界に登場するのは湯屋《ゆや》や遊郭《ゆうかく》など。湯屋はいまでいう銭湯で、江戸っ子の社交場でもありました。遊郭は江戸っ子憧れの地で、浅草寺裏手の吉原《よしわら》が有名です。〈編集部〉

POINT

時間・お金の数え方

日の出から日の入りまでの昼、夜を6等分して「一刻」と呼びます。町内に鳴り響く「時の鐘」で人は時刻を知りました。貨幣は金、銀、銭の3つ。金1両＝銭4000文。「時そば」では、そば1杯16文と語られています。

江戸落語と上方落語は何が違うの？

	上方スタイル	江戸スタイル
言葉	上方言葉（大阪弁）	江戸言葉
高座と小道具	扇子、手ぬぐいに加え、見台と膝隠しを使う時は、張《はり》扇《おうぎ》、小拍子《こびょうし》も使う	基本は扇子と手ぬぐいのみ
噺	商人を主人公としたものが多い。滑稽噺が本場で華やか	人情噺が本場。職人や侍の話が多い
演目	多くの噺は上方が元。上方では「貧乏花見」「ちりとてちん」という名の演目が、江戸では「長屋の花見」「酢豆腐」となっている	
歴史	「辻噺」という路上で語っていたのがはじまり。そのため、派手で笑いがふんだんに盛り込まれた賑やかなスタイルに。「はめもの」という噺の途中で鳴り物が入ることもある	元々、小屋やお座敷で語られていた。一般に「渋さを好む」といわれ、落ち着いてじっくりと語るスタイルに。江戸っ子の「粋」をさっぱりと語る

スタイルは違えども噺の魂は同じ

東京の落語家と関西の落語家による落語を聴き比べてみると、いろいろ違うなと思うことはありませんか？ 東京は江戸落語、関西は上方落語と呼ばれて、区別されています。

大きな違いは言葉。江戸落語は江戸っ子の使うような江戸言葉、上方は大阪弁などの上方言葉です。また、左ページのイラストを見ても分かる通り、高座のスタイルも違います。

この違いはそれぞれの歴史に由来します。上方落語は元々、野外で往来の人の足を止めて噺をしてきました。ですので、人の気を引くように、大きな音を出して賑やかに演じられました。また、上方

江戸落語・上方落語の違い

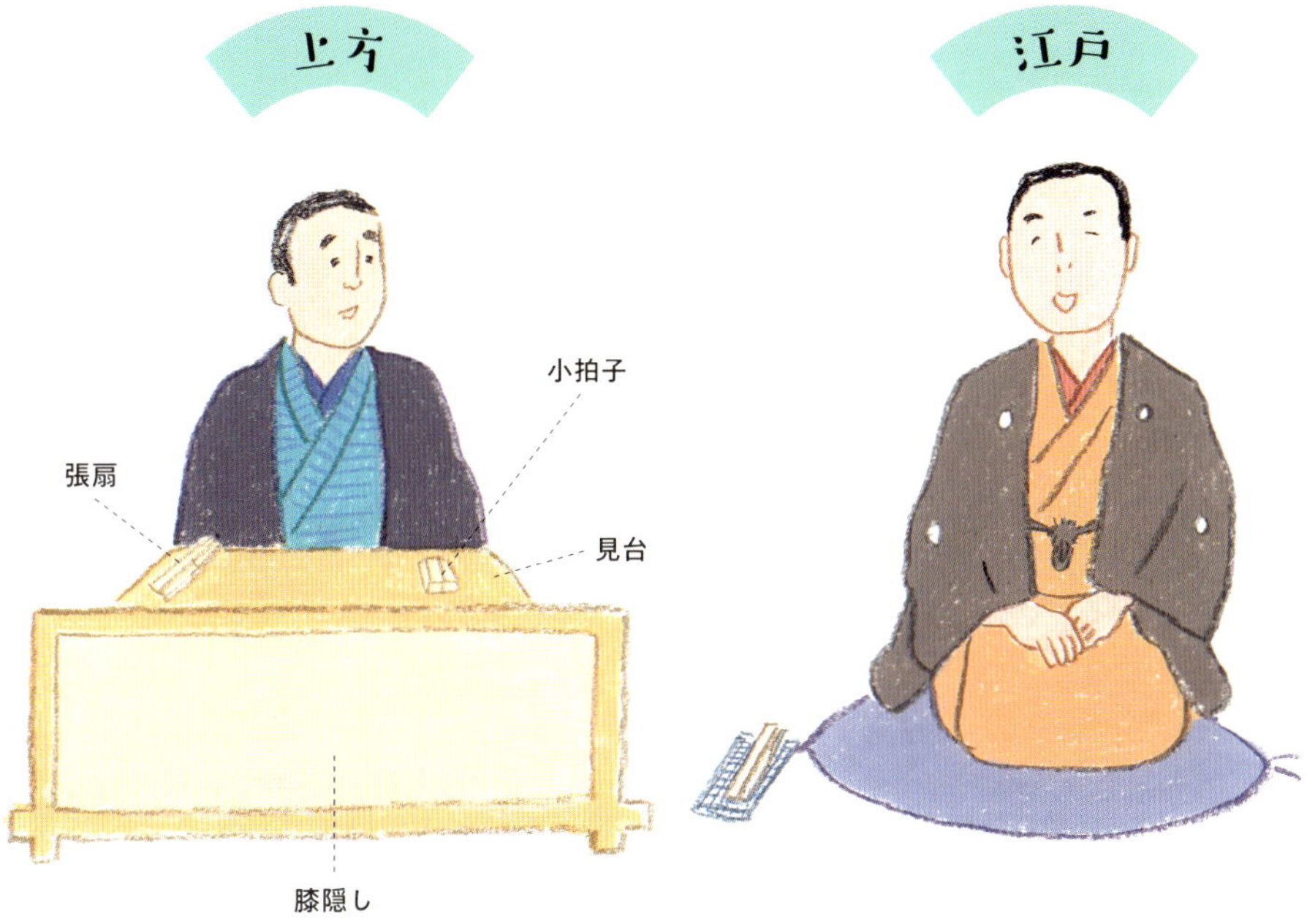

落語では噺の途中で、効果的にお囃子が流れ、とても華やかです。江戸落語は屋内のお座敷などが主な会場でした。人情噺、怪談噺といったじっくりと聴かせるネタが発展したのもここに起因します。

江戸落語は垢ぬけた江戸っ子の粋《いき》を語ります。上方落語は同じ粋をすいと読み、「粋人《すいじん》」などと呼ぶように、優雅で趣味の豊かな人をよしと語ります。

〈編集部〉

POINT

同じ内容も東西で？

同じ内容の落語でも東西で名前の変わるものがあります。例えば、江戸の「時そば」は上方では「時うどん」。元は上方から江戸に流入した噺の一つ。両方聴き比べてみるのがおすすめ。

古典落語と新作落語は何が違うの？

古典落語

江戸時代〜明治時代に生まれた作品

舞台 江戸時代から明治時代。長屋住まいの庶民が主な主人公

魅力
- 江戸時代の暮らしぶりや文化、風俗を臨場感たっぷりにイメージできる
- 時代に左右されない普遍的な笑い、感動的な人間の情を味わえる
- 昔から受け継がれてきたネタだが、落語家自身のアレンジが加わっているので、他の演者と聴き比べるのも楽しい

作者 作者不明の場合が多い

戦前／戦後を境に年代でネタを分類

戦後になって、いわゆる現代の新作落語ができた時に、古典落語という名称が使われました。「新作能」「新作歌舞伎」という名称が使われることがあっても「古典能」「古典歌舞伎」とは言いません。能や歌舞伎の世界同様、時を経て、新作落語と呼ばれるものの規定が難しくなっています。

新作落語が新作でなくなる時はきます。現に大正時代にできた新作落語「かんしゃく」「動物園」「ぜんざい公社」「試し酒」などは、作者がはっきりしているにもかかわらず、いまはほぼ古典落語の扱いになっています。また時代感の強い作品は一時のものとして廃《すた》れやすいもの。多くの演者が手掛け、

最近は洋服で語る人も！

三遊亭圓丈の自作新作落語は300本以上！

新作落語

大正時代以降に生まれた作品

舞台　主に現代。
未来や古代を取り上げるなど自由自在

魅力
- 設定が現代社会のことが多いので分かりやすく、落語家と客席の「同時代性」を楽しめる
- 落語家が自作したネタを演じることが多いので、落語家の個性を味わえる
- 新作落語をよく演じる落語家も古典落語を演じる時もあるので、芸幅を楽しめる

主な落語家　桂文枝、三遊亭圓丈、三遊亭白鳥、春風亭昇太、春風亭百栄、笑福亭鶴瓶、立川志の輔、立川志らく、林家彦いち、柳家喬太郎……etc.

普遍的な物語の強度を持つ作品は残り、古典落語化していくのでしょう。現在は演者も聴き手も、古典／新作ということをあまり意識せずに、その演者がいかに素敵な一席を務めるか、が大事なようです。

設定が現代でも、着物を着て座布団に座るスタイルに変化はありません。落語の形式が一人で演じるのに適しているからでしょう。

POINT

“新作落語の伝説”
三遊亭圓丈《えんじょう》

昭和50年代に三遊亭圓丈（1944年〜）は実験的な落語を次々と試み、「悲しみは埼玉にむけて」「グリコ少年」などの名作を残しました。三遊亭白鳥、春風亭昇太、柳家喬太郎らは圓丈チルドレンと呼ばれます。

やってる方もお客様も
いまを生きてるからね。
だから寄席っていいんだよ。

特別インタビュー

03

林家正楽

SHOURAKU HAYASHIYA

インタビュー第3弾は色物の代表格・紙切りを50年以上も披露されている、正楽師匠の登場です。

―師匠は入門前、普通にお客さんとして寄席に通われていたとか。

正楽　そう、寄席ファンでしたよ。特に誰が好きとかはなくて、みんな好きだったですね。ラジオで聴いていて、中学三年の時に好きで好きでしょうがなくて寄席に行きたかったけど、その頃、寄席は子どもや若者が一人で行くとこじゃないと勝手に思ってて(笑)。大人と一緒じゃなきゃまずいんじゃないかとか、父親を誘ってね。「連れてってくれー!」つって(笑)。それで高校生になったら一人で行ってましたよ。家から一番近かったから(新宿)末廣亭に。

―師匠は落語家になりたいと思ったことはありますか。

正楽　落語家さんて特別な生まれとか育ちの人がやるもんだと思ってたの。学校

出て就職して仕事がつまらなくて私は一体何をしているんだ……と思ってた時に（新宿）末廣亭に師匠（二代目正楽）が出てきて、「あ、これ俺がやる」って思った。

――紙切りを注文したことはありますか。

正楽　ない。引っ込み思案だもん、俺（笑）。

――紙切りの注文って激戦ですが、注文を聞いてもらえるコツはありますか。

正楽　本当にもらいたかったら一番前に座る。あとは大きい声が勝ち。無視できないもんね。

――同時に方々から注文の声がかぶる時がありますね。

正楽　そうすると絶対に聞きやすい方だね。注文は、まず大きい声。早口で言われると何を言われているのか分からない。注文はゆっくりはっきり大きな声で言いましょう。

――注文されて嬉しい注文はありますか。

正楽　何でも切りますけどね。でもやっぱり寄席だから、いわゆる日本的なものが嬉しいね。歌舞伎でも踊りでも。あと秋には里の秋とか赤とんぼとか、夏になると七夕や花火とか、そういうのいいな。ぱーっと切ってわーっと見せて、いい空間だと思いますよ。

――時代で注文の変化はありますか。

正楽　徐々に変化してます。昔は藤娘や弁慶とか多かった。土俵入りとかお花見とかはいまも多い。あとはその年で活躍した……大谷翔平とかパンダね。ハロウィンもだんだん注文が増えてきてる。

――日本の風物詩を感じさせる役割が紙切りにありますね。紙切りも時代によるんですね。

正楽　そう、紙切りは時代のものなんです。だから新しい横綱や総理大臣が出ると注文が多いんですよ。その注文数で人気・不人気が分かっちゃう。

紙切りは時代のものなんです。

——流行っている間、毎日のように注文があると、切り飽きたりすることはありませんか。

正楽　全くない。だって毎回毎回、同じに切れって言われても切れないから。その日の天気とか体調とか、お客様が変とか、いろいろある。だから寄席って、紙切りも落語も毎日同じじゃないかという人がいるけど、本当は毎日違うんだから。だからみんな毎日寄席に来てください（笑）。あと、いまこれだけ割と書籍でも雑誌でも寄席に行こうっていう特集があるけど、まだ寄席を知らない人の方が全然多い。寄席一回も行ったことない人がどれだけ多いか。寄席って毎日やってるんだよ。毎日やってるって、すごいことだよね。

——「今日はどんな注文があるかな」とか考えますか。

正楽　変なの出ないでほしい（笑）。でもそれがまた面白い。あと好きだからかもしれないけど寄席は毎回緊張する。その緊張が好きなの。他の場所での仕事だとあんまり緊張しないのに。でも紙切りもただ教わった通りやっていたらダメになっていく。自分なりの考えが少しでも入ってないと面白くないじゃないですか。やってる方もお客様もいまを生きてるからね。だから寄席っていいんだよ。テクニックじゃないですよ。ハート。

寄席は毎回緊張する。その緊張が好きなの。

——師匠の紙切りは切っている過程も見ていて楽しいです。

正楽　楽しくやってるのは正楽を襲名して何年か経ってから。それまでは、芸人でも面白くない時は笑う必要ないと思ってたから。ずーっと怖い顔して高座やってたんですよ。だから怖いっていうイメージを持たれていた。笑ったり歌ったりしながら切るのは、正楽になってからですよ。

——落語家はどんどん増えてきてますが、紙切りはずっと少ないですね。

正楽　（林家）二楽が入るまでは何十年も俺一人。だから俺ずっと「若手紙切りナンバーワン」だったんだよ（笑）。

——即興で切るわけですよね。考えてる時間もないですし反射神経ってどうやって鍛えられたのでしょうか。

正楽　とにかくハサミと紙を動かす。動かしながら考える。切りながらこうかなこうかなって頭の中でどんどん。

——師匠独特のリズム感とか切りはじめ

のドライブ感というか、ああいうのって段々と培われていったんですか。

正楽　自然とです。あと、初代の正楽がとてもいい動きだったんですよ。そういうふうにしたいと思ってやってましたね。ただ年取るとともに自然な動きがゆっくりになってくる。だからこの頃は意識して動くようにしてます。

――動きながら切るって難しいですよね。

正楽　難しくないよ。かえってその方がいいんだ。例えば生きてるもの、人間とか動物とか切る時、元気な生きてる動物は自分が動かなかったら切れない。逆に国会議事堂とか建物や機械のものは動かないほうがいい。だって建物はさ、斜めになったり曲がってたらまずいじゃん？　だから生きてるものは好き。建物は形が決まっているから後からカバーできない。

――切り上がってはじめて出来具合って分かるんですか？

正楽　少しずつなら分かりますよ。途中から直しながら切ってますから。みんなに見せる前に自分で見ますよ。よし、あぁダメだった。紙切りで必ずお客様に差し出すでしょ。うまくいった時は、人にあげたくないんだよね（笑）。でも失敗した時もあげたくない（笑）。普通にできたものは「どうぞ」と。

――成功したもの、失敗したもの、見ていて分からないです。

正楽　自信がある時はゆっくり見せるし、自信がない時は一瞬だけ（笑）。

――寄席ならではの楽しみって何だと思いますか。

正楽　落語家さんの芸に付随している芸だと思ってますから。落語って日本人の最高峰の芸だと思ってるのね。だからそこを邪魔することなく、またそこをバックアップするような仕事が、寄席の色物芸だと思ってますよ。寄席が好きだからね。とにかく一番は落語家さん。その手助けができて、それで全体がよければいいね。

バックアップするような仕事が、寄席の色物芸

PROFILE

林家正楽
はやしや しょうらく

1948年1月17日、東京都生まれ。1966年、二代目林家正楽に入門。芸名は「一楽」。1988年、「林家小正楽」を襲名し、2000年9月に「三代目林家正楽」を襲名する。お客さんからのお題に応じた紙切りを瞬時に完成させる、寄席の紙切り芸第一人者として50年以上も活躍する。ゆるやかに体を動かしながら紙を切る姿が特徴的。出囃子は「琉球節」。紋は「紙に鋏」。

寄席で味わう

②講談

リズムよく調子を取り 歴史ものを語る

スタイルは落語と少し似ています。一人で座布団に座って、ある物語を話して聴かせます。ただし、釈台《しゃくだい》という机を前に置き、和紙で作られた張扇をパパンと釈台に当てて、語りの調子を取るところが大きな違いです。

演目は主に、武将や歴史上の偉人など歴史にちなんだ物語。落語が笑わせることに目的を置いた会話芸であることに対し、講談は話を読む芸能といえます。昔から語り継がれている名作以外にも、講釈師オリジナルストーリーも生まれています。

基本は地の文であらすじを語ります。物語の起きた日時や場所、登場人物などを、あたかも実際に見た出来事のように説いていきます。「講釈師見てきたようなうそをつき」と、昔からよく言われるゆえんです。そして、戦いの場面など盛り上がるところでは、張扇でリズミカルに釈台を叩いて、場の雰囲気を高揚させます。

講談協会の定期公演はお江戸日本橋亭、お江戸上野広小路亭などで行われています。ちなみに、講釈師にも落語同様、真打、二ツ目、前座という階級があります。〈編集部〉

POINT

落語より古い歴史

講談の歴史は奈良時代までさかのぼります。僧が南北朝時代の軍記物語『太平記《たいへいき》』を面白可笑しく朗読して聴かせていた「太平記読み」というのが原型。江戸時代は講釈師のことをこう呼びました。

講談の見どころ

口調は七五調。小気味よい調子でストーリーが運ばれていく
張扇で釈台を叩いてストーリーにメリハリを入れる
登場人物は歴史上の人物が多い。講談では演目のことを「読み物」と呼ぶ
釈台という小さい台は、かつて本を置いていた時代の名残だそう

寄席で味わう

③太《だい》神《かぐ》楽《ら》・曲芸

寄席を代表する色物
元は神様への奉納芸能

獅子舞で氏子の家々をおはらいするなど、神事芸能だった太神楽曲芸が江戸時代、徐々に舞台芸能化し、寄席芸能へと発展。いまにいたります。その芸は「舞」（獅子舞など）、「曲芸」（バチ・鞠《まり》・ナイフ・笠・輪などを投げる芸や傘・五階茶碗・皿などを使ったバランス芸）、「話芸」（茶番＝芝居のまねをして、滑稽を演じる）、「鳴り物」（祭囃子）の四つの柱から成り立っています。初席の寿獅子舞も、社中（太神楽の集団）によるものです。

現在、芸人になるには、国立劇場太神楽研修生となり二年間、修業します。その後、寄席に入り前座修業を経て、寄席デビューするのが、近年は一般的な流れです。

落語協会では鏡味仙三郎《かがみせんざぶろう》社中、翁家《おきなや》社中をはじめ、若手が一人で高座を務める時もあります。

落語芸術協会では、ベテランで洋装のボンボンブラザースが無言で高座を務めます。鏡味繁二郎《かがみしげじろう》さんが鼻に細長く切った紙を乗せ、客席中を練り歩くはめになってしまう（！）技や、お客さんに帽子を投げさせ頭で受ける芸などで大いに沸かせ盛り上げます。

POINT

注目の若手は
翁家和助《わすけ》さん！

和助さんの「現代に役立つ曲芸」シリーズが面白い。「洗濯物を早く乾かしたい時は傘に付けてまわす」「両手に荷物の時は傘をおでこに乗せて歩く」など伝統芸能を現代にリンクさせる意欲を感じます。

太神楽の見どころ

五階茶碗の芸。板や茶碗、化粧房を積み上げていく。間に鞠を挟んだり、回転させたり、ほんとにビックリ！

クライマックスは、3人で小刀や花笠などを投げ合う賑やかな芸が多い

2、3人組が多く、一人が芸の口上を述べる。それも小気味よく楽しい

寄席で味わう

④紙切り

その時のお題に合わせて即興で紙切りを完成

紙切りも色物の一つ。「相合傘」などのテーマで〝鋏《はさみ》試し〟を披露した後、お客さんより注文を受けて、そのお題を当意即妙に切ります。定番の「藤娘」「横綱土俵入」から、「花火」「クリスマス」などの季節もの、はたまた時事ネタや時の人、その日の主任の師匠の顔、はたまた自分の顔を切って！　と高座前に躍り出る人も（？）おり、何でもござれ。難しい注文にも、とんちを利かせ切り上げます。

完成した紙切りは、注文したお客さんへのプレゼントに。紙切りを入れるオリジナルクリアファイルや袋を付けてくれる寄席もあります。お囃子さんもお題に合わせて演奏してくれるので、耳をすませてみて。

元は落語家だった初代の林家正楽（１８９５〜１９６６年）がいまの紙切り芸を確立。当代は三代目で、二代目正楽の弟子です。二代目の次男は林家二楽《にらく》という名で、落語協会で活躍中（長男は桂小南《かつらこなん》の名の落語芸術協会の落語家）。二楽の子息も紙切り修業中です。初代の弟子・林家今丸《いままる》とその弟子で女流の紙切り、林家花《はな》らもいます。

POINT

鈴本演芸場で見てみよう

鈴本演芸場はOHP（オーバーヘッドプロジェクタ）を使い、紙切りを拡大して見せてくれます。もっと詳しく知りたい方は『正楽三代寄席紙切り百年』（新倉典生 著、dZERO刊）を読んでみて！

紙切りの見どころ

耳をすましてみて！

お囃子さんがお客さんからのお題に合わせた音楽を即興で演奏してくれる

寄席で味わう

⑤奇術・マジック

驚きの不思議技！会話の面白さも魅力

お 客さんが選んだトランプを当ててみたり、コインを消したり現したりと、タネや仕掛けを用いて不思議な現象を見せてくれます。手先のテクニックを披露することもあれば、大がかりな舞台装置を使う人もいます。日本の伝統的な奇術「手妻《てづま》」をする人、西洋や中国由来のマジックをする人、和洋混成の奇術をする人、実に様々です。

マジックというと、魔法のような現象を見せて驚かせてくれるものを思い浮かべますが、寄席に出演する芸人は、「クスッ」と笑わせてくれる会話も巧みで、とてもキュートな印象です。ビックリするような技を繰り広げながら、面白可笑しく笑いも取る。そんな名人芸を楽しめます。

日本の奇術は幻戯《げんぎ》の術と呼ばれる、めくらましから生まれました。やがて複雑なタネや仕掛けをこしらえて、娯楽性を強め、江戸では小屋を建てての興行も開始。寄席に出演する人も出てきました。明治時代には西洋奇術も紹介されるようになり、大劇場で活躍するような人も現れました。〈編集部〉

POINT

歴史に残る魔術の女王

明治～昭和にかけて活躍した「魔術の女王」こと初代松旭《しょうきょく》斎天勝《さいてんかつ》。一座は座員100人の大所帯に。歌あり踊りあり芝居あり、人体切断もあればトランプ芸まで、と多彩なショー構成で日本中を沸かせました。

奇術・マジックの見どころ

ハンカチやスカーフを使った演目をシルクマジックという

出し物からステージ衣装までスタイルは様々。いろいろな芸人に出会って！

小道具のつまったケースを持って現れる

お客さんと一体になって楽しむのが寄席スタイル。お客さんに話しかけて手伝ってもらう参加型が多い

⑥俗曲《ぞっきょく》・粋曲《すいきょく》など

江戸情緒あふれる三味線と唄を堪能

「三途の川でも棹《さお》さしゃ届く、なぜに届かぬ我が思い」

落語「応挙《おうきょ》の幽霊《ゆうれい》」に出てくる都々逸《どどいつ》です。落語にはよく都々逸が登場します。こういった都々逸や端唄《はうた》、小唄など日本の伝統音楽を、三味線を奏でながら聴かせてくれるのが俗曲。音曲ともいいます。雅楽に対し、通俗的な曲という意味で俗曲と名付けられました。民謡や流行歌謡などを含めることもあります。

きれいな着物に身を包んだ女性が座布団に座り、粋な歌声と三味線を演奏。昔の遊郭《ゆうかく》などでも唄われていたような曲の数々に、まるでタイムスリップしたかのような心地に陥ります。

一方、粋曲は柳家紫朝《しちょう》が確立した寄席音曲。粋で江戸情緒あふれる都々逸、端唄、俗曲などを三味線の弾き語りで披露します。現在では、浮世節の大名跡を襲名した二代目立花家《たちばなや》橘之助《きつのすけ》さんや、柳家小菊《こぎく》さんが寄席によく出演されています。俗曲の方は桧山《ひやま》うめ吉さんが代表格。日本の古きよき時代を感じさせてくれます。

〈編集部〉

POINT

都々逸とは

俗謡の一形式で主に座敷で披露される歌。7・7・7・5で男女の情愛を三味線の伴奏にのせて唄います。多くは即興で作られました。天保年間に、江戸の寄席で唄われて以来普及したといいます。

俗曲・粋曲の見どころ

男性が多い寄席芸人の中で女性の着物姿はやはり美しく目の保養になる！
端唄や都々逸などを、三味線にのせて唄ってくれる。お座敷芸が寄席で観られる
使う道具は三味線のみ（前座さんが鳴り物を担当）。一曲が数分と短い

寄席で味わう

⑦漫才

ボケとツッコミ 会話の掛け合いが妙

2～3人の演者が登場して、会話の掛け合いを楽しませる芸能です。漫才は基本的に小道具を使わず、本当に語りだけでお客さんを笑わせますので、究極のシンプル芸能といえます。しかしその分、奥の深いものです。二人で演じる場合は一人がとぼけたことを言い（ボケと呼ぶ）、もう一人がそれをとがめる（ツッコミと呼ぶ）、という形で会話が進み、笑いを誘います。たいてい役割はしっかりと分担されています。

漫才で繰り広げられる会話はタイムリーそのもの。ニュースや世相、流行など時代に即した話題が取り上げられます。

かつては三味線を手にする漫才、どじょうすくいを踊りながら見せる漫才、手品も披露する漫才など、様々なスタイルがありました。元々は新年を寿ぐ「萬歳《ばんざい》」から生まれた伝統芸能です。ちなみに、萬歳でもボケとツッコミの担当が分かれていました。明治から大正にかけて、これに笑いを盛り込み「漫才」に。ラジオやテレビの時代の波に乗って、時代ごとに新しいスターを輩出していきます。〈編集部〉

POINT

昭和の大スター

昭和初期に出た横山エンタツ・花《はな》菱《びし》アチャコの二人が、背広を着て会話だけで演じる「しゃべくり漫才」というスタイルを確立。ネタも日常的なものを選び、全国的な人気を博しました。

二人のうち一人がとぼけたことを言うボケ。ネタは毎日やっている寄席ならではの、時事ものがすぐ取り入れられる
漫才はマイク一本だけが小道具。コントと違い語りだけで笑いを取っていく
相棒はボケに対して突っ込むツッコミ。絶妙な間合いで言葉が飛ぶ

漫才の見どころ

⑧コント

短時間でどっと会場を笑いの渦に

複数の演者が舞台に上がり、それぞれある役柄を演じながら、ある場面を描きつつ笑いを誘う芸能です。役柄に合った衣装や化粧をほどこして、小道具、簡単な舞台設置などを用いることもあります。例えば、医者と患者、先生と生徒、町工場を営む父親と反抗期の息子……など様々ですが、どれもお客さんの日常に即した場面を題材にしています。ですので、予備知識は不要です。

漫才とコントの違いをよく聞かれることがあります。コントははじめからキャラクター設定がある寸劇仕立ての芝居です。会話以外の仕草や動きなどでも笑いを取ります。漫才とコント、両方ともやる芸人もいます。

コントの語源はフランス語の「conte」、短い物語、寸劇からきました。ショートコントとはコントを数秒から数十秒ほどに短くしたものです。ちなみに、これは和製外来語。

日本では戦後に、ストリップ劇場のショーの幕間に行われた芝居がコントと呼ばれるように。漫才よりも歴史は浅いですが、コントも日本が誇る大衆演芸です。〈編集部〉

POINT

今活躍しているのは？

現在寄席でコントを披露しているのは、落語芸術協会所属の「コントD51《デゴイチ》」「コント青年団」「チャーリーカンパニー」など。コントは演者の個性がはっきりと出るので、好きなグループを探してみて。

コントの見どころ

漫才に比べ、舞台いっぱいを使い、動きも大きく繰り広げられるのが特長

イメージしながら
あるシチュエーションを描いて演じられるので、背景を想像しながら楽しんで
ボケの応対に突っ込むのがツッコミ担当
とぼけた言動で滑稽を演じるボケ担当

寄席で味わう

⑨ものまね など

人や動物の声……あらゆる音を模写

声や話し方、歌い方をまねる声帯模写、仕草などをまねる形態模写などがあります。

元々は歌舞伎俳優のセリフや声をまねる「声《こわ》色《いろ》」が発展したものでした。江戸時代には落語にもよく登場する幇間《ほうかん》の代表芸でもありました。やがて、政治家、歌手など著名人の話し方、歌い方もまねるようになりました。そして、その人たちの独特なクセ、仕草をちょっと強調して、笑いを取る人も出現。一方、歌謡声帯模写の元祖とされる白《しろ》山《やま》雅《まさ》一《いち》のように、いかに正確にまねるかを目指した名人もいます。

うぐいすやカエルなど動物の鳴き声を専門にまねる動物ものまねの芸人も、江戸時代から続く大衆芸能です。歴代の江《え》戸《ど》家《や》猫《ねこ》八《はち》がその代表格。動物や虫の鳴き声をまねるだけではなく、その動物の仕草もまねながら鳴き声をまねるといった芸達者もいます。また、お湯の沸いたポットの沸騰する音やコンビニエンスストアのドアが開く音など、ちょっとマニアックなものまねを披露する芸人もいて、くすりと笑えます。

〈編集部〉

POINT

江戸家猫八

動物の声帯模写をするものまね師の名跡。初代は1868年生まれの元歌舞伎役者でした。現在、三代目の娘の江戸家まねき猫と四代目の長男が二代目江戸家小《こ》猫《ねこ》を襲名し活躍中です。

ものまねの見どころ

鳴き声だけじゃない！

体全体でその動物になりきって演じる芸達者も

目をつぶってみて

まねている姿も見ものだが、目を閉じると、本当にその動物がそこにいるよう！

手と口（舌）を使った声帯模写の芸はものまねの一つ

ものまね芸人の服装はスーツや着物など様々。立つ人、座る人もそれぞれ

寄席で味わう

その他の芸

漫談、浪曲《ろうきょく》、曲独楽《きょくごま》、ボーイズ……種類豊富！

その他にも、寄席の色物芸能はたくさんあります。漫談は音楽を用いたスタイルが多く、楽器を奏でながら、皮肉の利いた小話や面白い話を繰り広げます。楽器はギター、ウクレレ、バイオリン、アコーディオンなど様々。楽器を使わず、医者や神父をまねる漫談の芸人もいます。服装も語り口も個性豊かです。このように、ひと口に漫談といっても、十人十色です。

　また、浪曲も寄席で観られます。主に三味線の音色に乗せて、セリフと独特のメロディーを持つ節で物語を伝えます。舞台の正面に浪曲師が座り（本来は立ち芸）、三味線を弾く人（曲師《きょくし》）は向かって上手に座ります。演目は人と人の人情を語ったもの、歴史上の人物を題材にしたものなどがあります。

　また、曲独楽という演芸もあります。こちらは形や色の美しい独楽を扇子の地紙部分に乗せるなどのバランス芸を披露してくれます。ボーイズという芸種もあります。男性が数名集まって楽器演奏と歌、軽快なおしゃべりで楽しませてくれるショーです。

〈編集部〉

POINT

大道芸も寄席で

パントマイム、ジャグリングなどの大道芸人が寄席に進出するようになりました。パントマイムは言葉を発さずに体の動きや表情だけで楽しませ、ジャグリングはいろいろな物を投げて受け取る西洋の曲芸。

漫談の見どころ

歌いながら楽器を奏で、面白いおしゃべりをトントンと繰り広げる
音楽漫談の楽器はギター、ウクレレなど様々。楽器とマイクだけで演芸を披露する
衣装スタイルや語りの形式は無限、といっても過言ではないほど。お気に入りの演者を探してみて！

COLUMN

寄席を支える人③

寄席文字を書く人

寄席に欠かせない、墨が香る看板やメクリの文字、それを書いているのは橘《たちばな》流寄席文字の方たちです。元は落語家で、ビラ字を学んでいた橘《たちばなの》右《う》近《こん》(1903〜1995年)が興し、八代目桂文楽のすすめもあり、1965年に橘流寄席文字家元となりました。

江戸文字の一種で、客席に空席がないように、との思いを込め、なるべく太く隙間なく書きます。寄席ごとに橘流の筆耕担当者がいます。真打昇進や襲名、お祝い時には、看板の招木(マネキ)を贈ります。現在の総領は橘左《さ》近《こん》で、一門は孫弟子も含め十数名。寄席文字教室も各地で開室しており、生徒はのべ一万人を超えています。

歌舞伎や相撲も同じ
江戸文字の一つ

Part.4

寄席を
もっと楽しむ

最後は、よく寄席に出演される芸人さん46組、寄席でよくかかる落語の演目トップ50を紹介。寄席通いがもっと楽しくなること間違いなし！　です。

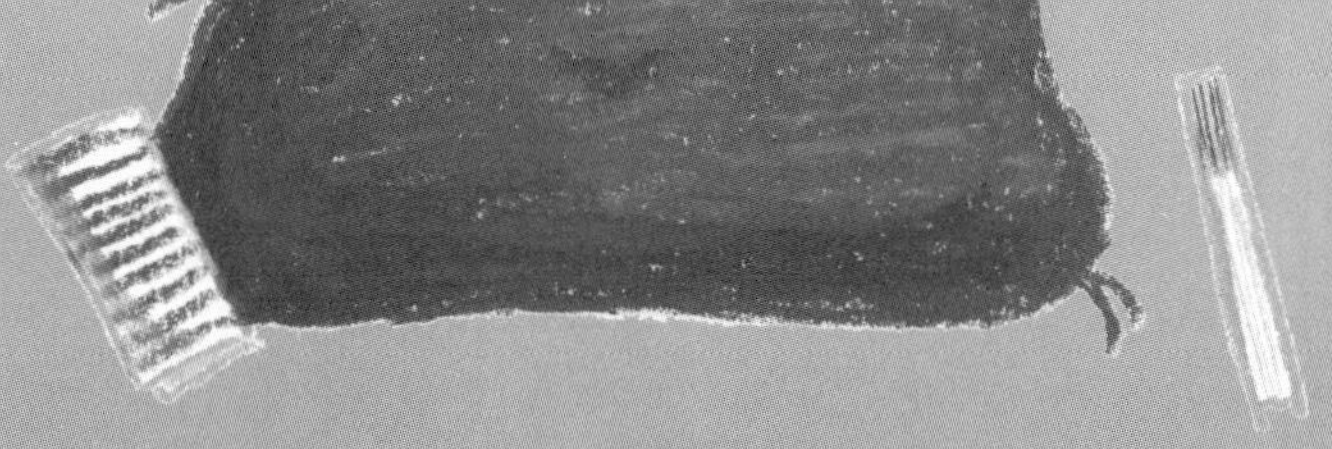

寄席に
よく出る

寄席で観られて嬉しい
落語家さん＆色物さん

寄席登場回数の多い、芸人さん46組を特集します。

寄席によく出演する芸人をピックアップ

東京で活躍している落語家さん・色物さんは大勢います。これからのページでは、その中でもとりわけ、２０１７～１８年にかけてよく寄席に出演したり、主任をとったりした回数の多い人を紹介します。寄席鑑賞の一助になれば嬉しいです。

紹介する46組は、柳家《やなぎや》小三《こさん》治《じ》のような人間国宝から、テレビで引っ張りだこの人気者、期待の新星までバラエティに富んでいます。けれどもこれはほんの一部。ぜひ何度も寄席に通って、あなただけのひいき（推し）芸人を見つけてみてください！

落語 業界MAP

落語芸術協会

昭和5（1930）年に「日本芸術協会」として誕生し、現在約170人の落語家らを有する。長年会長を務めていた故・桂《かつら》歌丸《うたまる》に代わり、いまは副会長の三遊亭《さんゆうてい》小遊三《こゆうざ》が会長代行を兼任。

主な寄席
- 新宿末廣亭
- 浅草演芸ホール
- 池袋演芸場
- 国立演芸場

- お江戸日本橋亭
- お江戸上野広小路亭

落語協会

大正12（1923）年に生まれた団体で、約300人もの落語家・講談師らが所属する。会長は四代目柳亭《りゅうてい》市馬《いちば》（2014年～）。かつては「古典落語の落協、新作の芸協」といわれた。

主な寄席
- 鈴本演芸場
- 新宿末廣亭
- 浅草演芸ホール
- 池袋演芸場
- 国立演芸場

- 協会二階にある「黒門亭」でも落語会などを開催

落語立川流

故・七代目立川談志《たてかわだんし》が創立した一門。寄席定席には出演せず、「お江戸上野広小路亭」「お江戸日本橋亭」などで活躍している。

主な落語家
立川志の輔、立川志らく、立川談春、立川談笑

圓楽一門会

故・五代目三遊亭圓楽《えんらく》の一門。定席には出ず、「お江戸両国亭」で毎月1～15日に「両国寄席」を、亀戸梅屋敷で「亀戸梅屋敷寄席」を開催。

主な落語家
三遊亭円橘、六代目三遊亭圓楽、三遊亭好楽、三遊亭鳳楽

上方落語協会

関西の落語家団体。会長は笑福亭仁智《じんち》（2018年～）。2006年にオープンした大阪の定席「天満天神繁昌亭」を中心に活躍。

主な落語家
桂ざこば、六代目桂文枝、笑福亭鶴瓶、笑福亭仁鶴

入船亭扇遊《いりふねていせんゆう》

軽やかな名調子
寄席のイイ男

軽やかで明るく粋な雰囲気をまとい、噺を紡ぐリズムがとんとんと早間で心地よく、江戸前のスッキリした男前の芸だ。近年は師匠である扇橋の最初の師匠・三代目桂三木助の十八番で入船亭のお家芸とも言える「三井の大黒」「芝浜」「藁《わら》人形」なども大切に高座にかけている。噺に入れごとをせず、噺の面白さをそのまま活かすまっすぐな芸は評価され、2018年に芸術選奨文部科学大臣賞を受賞した。

①1953年②静岡県熱海市③九代目入船亭扇橋④1972年「扇ぽう」⑤1977年「扇好」⑥1985年「扇遊」
⑦道成寺の合の手

五街道雲助《ごかいどうくもすけ》

滑稽噺から
圓朝ものまで

正面をきってにこやかに堂々としたマクラから、太く響く声で観客を噺の世界に引き入れる。圓朝ものや廓噺に定評がある。寄席での短い出演時間で、滑稽噺を軽くサッとやってワッと湧かして高座を去って行く姿は格好よく頼もしい。重い噺も軽い噺もいいという、振れ幅の大きさも魅力だ。圓朝ものに長い間じっくりと取り組んできたことが活きている。2016年に紫綬褒章を受章した。

①1948年②東京都墨田区③十代目金原亭馬生④1968年「駒七」⑤1972年「六代目五街道雲助」⑥1981年
⑦箱根八里

※リストは落語協会の落語家、色物、落語芸術協会の落語家、色物ごとに、あいうえお順で掲載。プロフィール出典『東都寄席演芸家名盤』(東京かわら版・編)
①生まれた年　②出身地　③入門師匠名　④入門年「名前」　⑤二ツ目昇進年「名前」　⑥真打昇進年「名前」　⑦出囃子

古今亭菊之丞《ここんていきくのじょう》

大河ドラマ「いだてん」落語監修者

役者のように色白で端正な顔立ち。古風な雰囲気を漂わせつつも艶があり、近年は線の太さが加わり芸幅も広がってきた、寄席育ちの実力派。落語協会のお祭り「謝楽祭」の2018年実行委員長を務めるなど、古今亭の頼もしい若手として活躍。2019年のNHK大河ドラマ「いだてん」では、古今亭志ん生役のビートたけしらに落語指導も行っている。奥方はNHKアナウンサーの藤井彩子。

①1972年②東京都渋谷区③二代目古今亭圓菊④1991年「菊之丞」⑤1994年⑥2003年
⑦元禄花見踊（追い回し）

古今亭志ん輔《ここんていしんすけ》

明るくて粋でイナセ

明るくて楽しい雰囲気で登場、噺に入るとすみずみまで気が配られた古典落語の世界に誘われる。会話のピッチもスピーディーでテンポがよく、粋でイナセな登場人物に演者自身の姿が重なる。若手の育成にも力を入れており、公演機会を増やそうと二ツ目専門の寄席の立ち上げを参画したり、寄席で若手が競う会を開催したりするなど、自分のことだけではなく、その先の落語界も見すえている。

①1953年②東京都品川区③三代目古今亭志ん朝④1972年「朝助」⑤1977年「朝太」⑥1985年「志ん輔」
⑦越後獅子

三遊亭歌之介《さんゆうていうたのすけ》

爆笑王「圓歌」
師匠の名前を継ぐ

故郷の鹿児島弁を交えつつ、押しの強いパワフルな語り口でベタなジョークを繰り出す。自分で自分を扇子で叩いてつっこみ、キョロキョロと落ち着きのない大忙しの高座だが、客席を笑いの渦に巻き込む。独自の新作「B型人間」「お父さんのハンディ」「母のアンカ」などがあり、どれも定番になっている。2019年3月21日より、師匠の名前である「四代目三遊亭圓歌」を襲名する。

①1959年②鹿児島県③三代目三遊亭圓歌④1978年「歌吾」⑤1982年「きん歌」⑥1987年「歌之介」⑦我は海の子

三遊亭歌武蔵《さんゆうていうたむさし》

元・武蔵川《むさしがわ》部屋力士
硬派な語り口

元・武蔵川部屋力士で、落語家に転向した。高座に現れ、恐い顔をしたまま開口一番「ただいまの協議についてご説明いたします～」と笑わせ、相撲の裏話などは可笑しさとリアルさが同居していて実に楽しい。噺に入れば堂々とした押し出しの強い硬派な語り口で、きちんと骨格のある古典落語を美しく面白く聴かせる。柳家喬太郎、三遊亭兼好との「落語教育委員会」という3人の会でも活躍する。

①1968年②岐阜県③三代目三遊亭圓歌④1983年⑤1988年「歌武蔵」⑥1998年⑦勧進帳

①生まれた年　②出身地　③入門師匠名　④入門年「名前」　⑤二ツ目昇進年「名前」　⑥真打昇進年「名前」　⑦出囃子

春風亭一之輔《しゅんぷうていいちのすけ》

古典落語を斬新に
アレンジする型破り

落語界の若手筆頭格。たいへんな人気者で寄席にも精力的に出演している。ひょうひょうと淡々と、力まず高座をこなしているようで、時折ガッツをちらりと見せる。古典落語の登場人物のデフォルメ化が絶妙で、いまの私たち現代人と地続きでつながる面白さを感じる。人間って大して進化していないんだなあと改めて思い、にやついてしまう。なぜか笑顔よりも不機嫌な顔に色気がありハッとなる。

撮影：キッチンミノル

①1978年②千葉県野田市③春風亭一朝④2001年「朝左久」⑤2004年「一之輔」⑥2012年⑦さつまさ

春風亭一朝《しゅんぷうていいっちょう》

平成の
「江戸前の男」

「芝居《しばい》の喧嘩《けんか》」「蛙茶番《かわずちゃばん》」などの啖呵は威勢がよくて味わいもあって、寄席のどこの出番で見ても「いいものを見たな」と思わせてくれる師匠。ドラマで江戸言葉の指導をするほど江戸弁の達人でもある。笛のプロで、歌舞伎の囃子方として吹いていたこともある。少しだけ恥ずかしさをにじませつつ、淡々という「名前が一朝だけにイッチョウ懸命やります」が高座での合言葉。

①1950年②東京都足立区③五代目春風亭柳朝④1968年⑤1973年「一朝」⑥1982年⑦菖蒲浴衣

橘家圓太郎《たちばなやえんたろう》

エンドレス稽古と圓朝もので芸を磨く!?

前座の頃、稽古をしていると用事を言いつけられなかったため、エンドレスで稽古をしていたという。寄席でも春風亭小朝の一番弟子らしくスマートさがあり、同時に骨太に噺を描く面白さがある。名前は三遊亭圓朝の師匠の名前を真打昇進時に引き継いだ。近年は「圓朝もの」にも取り組み、新たな芸の楽しみを見い出している。きっと今後に活きてくることだろうと期待大。

①1962年②福岡県福岡市③春風亭小朝④1982年「あさり」⑤1987年⑥1997年「八代目橘家圓太郎」⑦圓太郎囃子

橘家文蔵《たちばなやぶんぞう》

威勢のいい強面キャラ

師匠の名跡・三代目橘家文蔵を2016年に継いだ。緩急がいい具合についているドスのきいた威勢のよい声で、豪快で大柄そうに見え、実は繊細な高座を務めている。Twitterでは元料理人だからか、美味しそうな手料理が並び、かなりの飯テロだ。入船亭扇辰、柳家小せんとフォークユニット「三《さん》K辰文舎《けいしんぶんしゃ》」を組んで評判を呼んでおり、ファンの間ではすっかりお馴染みとなっている。

撮影：武田洋輔

①1962年②東京都江戸川区③二代目橘家文蔵④1986年⑤1990年「文吾」⑥2001年「文左衛門」⑦三下りかっこ

①生まれた年　②出身地　③入門師匠名　④入門年「名前」　⑤二ツ目昇進年「名前」　⑥真打昇進年「名前」　⑦出囃子

桃月庵白酒《とうげつあんはくしゅ》

愛嬌と毒舌の
アメとムチ!?

ビブラートが心地のよい声とニコニコと優しそうな細い目、ぽっちゃりとした愛嬌のある体型から飛び出す毒舌が本当に面白い。自分には関係のない、冴えた毒舌はとことん面白いのだ。イキイキと憎らしげに悪態をつく様もチャーミングで、一つの芸になっている。一方で、古典落語はよく練られており、現代的な観点を取り入れるなど工夫もされ、落語通から熱い支持を得ている。

①1968年②鹿児島県③五街道雲助④1992年「はたご」⑤1995年「喜助」⑥2005年「三代目桃月庵白酒」⑦江戸

林家正蔵《はやしやしょうぞう》

撮影：武藤奈緒美

サラブレットが
落語界を牽引する

テレビや山田洋次監督の映画などにも積極的に出演。そのため、「こぶ平」の名前だったころから今でも、高座に姿を現すだけで喜ばれる、数少ない落語家である。父親は爆笑王・初代林家三平、弟は『笑点』レギュラーの二代目林家三平と落語一家で、芸は古今亭志ん朝に憧れ、こつこつと鍛錬を積んだ本格派。2005年、九代目林家正蔵を襲名。落語協会の副会長でもあり、弟子も多く、落語界を牽引する存在になりつつある。

①1962年②東京都台東区③初代林家三平④1978年「こぶ平」⑤1981年⑥1988年⑦あやめ浴衣

落語協会

林《はやし》家《や》たけ平《へい》

明るくって様子がイイ！

下町育ち特有の、皆から愛される人なつっこさがあり、出てきてすぐにお客さんをトリコにする。必ず沸かす、笑わせる、という気迫を押し出し、明るくて様子のよいたたずまいが最大限に活きる地噺（登場人物の会話ではなく、演者自身の語りで物語を進行させる）がぴったり。昭和歌謡好きが高じて、高名な昔の歌手にインタビューした著書『よみがえる歌声』（ワイズ出版）も上梓した。

①1977年②東京都足立区③林家こぶ平（現・九代目正蔵）④2001年「たけ平」⑤2005年⑥2016年
⑦蛇の目のかげで

柳《やなぎ》家《や》小《こ》ゑ《え》ん

写真：蟠龍寺にて

大好きな鉄道と天体を活かした噺が大人気

鉄道や星が好きで、武蔵工大のバリバリの理系、実家は電機屋という絵に描いたようなオタクの出自。それをネタにした自作落語は、専門用語を知らなくても充分に楽しめる新作落語へと昇華した。オタクの世間への浸透と比例して、寄席を大いに沸かせている。おでんの具を擬人化した自作の「ぐつぐつ」も定番だ。1997年、スミソニアン天文台より小惑星・6330が「KOEN」と命名された。

①1953年②東京都目黒区③五代目柳家小さん④1975年「みのる」⑤1979年「小ゑん」⑥1985年
⑦ぎっちょんちょん

①生まれた年　②出身地　③入門師匠名　④入門年「名前」　⑤二ツ目昇進年「名前」　⑥真打昇進年「名前」　⑦出囃子

柳《やなぎ》家《や》小《こ》三《さん》治《じ》

撮影：橘 蓮二

当代きっての至宝を間近で堪能

寄席に出演するとファンが詰めかけ、混雑必至となるが、それでも当日ふらりと行って、観られるのだから嬉しくぜいたくなことだ。心の赴くままにボソッとつぶやくような、それでいて真摯で茶目っ気いっぱいのマクラからはじまる高座が魅力的。修行僧のような険しい表情から一転して出る笑顔をいつまでも寄席で見ていたい。2014年に重要無形文化財保持者（人間国宝）に認定された。

①1939年②東京都新宿区③五代目柳家小さん④1959年「小たけ」⑤1963年「さん治」⑥1969年「十代目小三治」⑦二上りかっこ

柳《やなぎ》家《や》小《こ》満《ま》ん

あっさりと粋 憧れる若手多数

師匠は八代目桂文楽と五代目柳家小さん。名人と称される師匠２人の薫陶を受け、定番ものから講釈種に埋もれた旧作まで手掛け、ネタの多さはかなりのもの。隔月の独演会「柳家小満んの会」は30年以上継続して開催。俳句や川柳にも造詣が深く、エッセイもさらりと押しつけず博識を開陳してくれて、魅力的。高座同様あっさりした、粋な言動やたたずまいに憧れる後輩は数多い。

©masako YAMADA

①1942年②神奈川県横浜市③八代目桂文楽（師没後、五代目柳家小さん）④1961年「小勇」⑤1965年⑥1975年「三代目小満ん」⑦酔狸々

柳《やなぎ》家《や》権《ごん》太《た》楼《ろう》

“爆笑”古典落語の矜持《きょうじ》

爆笑古典落語といえばこの師匠。愛嬌のある丸顔が、だだっ子の様に口がへの字になると、笑わせるというところにプロの矜持を感じる。表情豊かな語り口とオーバーリアクションで口調や所作、すべてが権太楼オリジナル。噺のテクストを自分なりの解釈で練って自然にフィットする一席を作り上げている。「ゴンちゃん」「ゴン様」と親しみと愛情を込めてファンや仲間は呼ぶ。

①1947年②東京都北区③五代目柳家つばめ④1970年「ほたる」⑤1975年「さん光」⑥1982年「三代目権太楼」⑦金毘羅舟々

柳《やなぎ》家《や》さん喬《きょう》

美しい所作で皆をトリコに

寄席に登場して、あの艶のあるふっくらした声と柔らかな物腰で時候のあいさつをされれば、誰でもメロメロに。緻密に作り上げていく一席はドラマティックで綺麗な高座だ。日本舞踊をたしなみ、高座にも所作の美しさが表れるからか、女性ファンも多い。人情噺だけでなく、本人は滑稽噺も好きなのだそうだ。看板となったいまでも、寄席もホール落語も、休む間もなく精力的に活躍している。

①1948年②東京都墨田区③五代目柳家小さん④1967年「小稲」⑤1972年「さん喬」⑥1981年⑦鞍馬獅子

①生まれた年　②出身地　③入門師匠名　④入門年「名前」　⑤二ツ目昇進年「名前」　⑥真打昇進年「名前」　⑦出囃子

柳《やなぎ》家《や》三《さん》三《ざ》

変幻自在に
噺と対峙

背が高くて細く、ひょうひょうとした出だしから、そのまま軽く噺に入ることもあれば、骨太にぐいぐいと物語世界に観客を引き入れることもあり、変幻自在に噺と対峙する。本人は何も考えていないと謙遜するが、はるか先を見据えた芸人人生、ゆったり構えて自分の納得のいく高座を追い求めているのだろうか。二十年後、三十年後、どんな芸を見せてくれて、どんな落語家になるのか楽しみで仕方ない。

撮影：橘 蓮二

①1974年②神奈川県小田原市③十代目柳家小三治④1993年「小多け」⑤1996年「三三」⑥2006年
⑦京鹿子娘道成寺

写真提供：国立演芸場

柳《りゅう》亭《てい》市《いち》馬《ば》

美声の持ち主
落語協会会長

大柄でニッコリと包み込むような笑顔。若手のころから大器といわれてきたが、その通り柳派の正統派で、噺をへんにいじらず堂々と演じていて面白い。古典落語を信頼しているのだと思う。五十代半ばの若さで落語協会会長就任。たいへんな美声の持ち主で、プロの歌手としても活動。自身が唄いたいがため(?)、古典落語の場面に唄を取り入れるなどして、観客を喜ばせることも。

①1961年②大分県豊後大野市③五代目柳家小さん④1980年「小幸」⑤1984年「さん好」
⑥1993年「四代目柳亭市馬」⑦吾妻八景

①生まれた年　②出身地　③入門師匠名　④入門年「名前」　⑤二ツ目昇進年「名前」　⑥真打昇進年「名前」　⑦出囃子

翁家社中《おきなやしゃちゅう》

日本屈指の太神楽で賑やかに

伊勢神宮の「大神楽」にルーツを持つ江戸太神楽のグループ。和傘をまわして毬《まり》や升を転がす「傘廻し」や長竿の上に茶碗を積んでいく「五階茶碗《ごかいちゃわん》」というバランス芸などを披露する。メンバーは翁家和助《わすけ》(写真右)と翁家小花《こはな》で、2人の息の合ったナイフの投げ物は見事。太神楽曲芸界の最高峰と評された翁家和楽《わらく》の芸を受け継いでいる。正月の寄席の寿獅子舞は鏡味仙三郎社中と共に高座を務める。

芸種：太神楽曲芸

鏡味仙三郎社中《かがみせんざぶろうしゃちゅう》

江戸太神楽の伝統を現代に引き継いで

メンバーは鏡味仙三郎(写真右)、鏡味仙志郎《せんしろう》(同中)、鏡味仙成《せんなり》で、1～3人で活動。江戸太神楽「白丸一」の系統を継ぐ太神楽曲芸グループで、祝福芸としての太神楽の伝統を大切にしながら活動している。「傘廻し」「五階茶碗」「ばち投げ」などの定番ものから、独自の一芸まで幅広くこなす。とりわけ、土瓶をバチの上で転がしたり蓋だけを外したりする、鏡味仙三郎の一芸は一見の価値がある。

芸種：太神楽曲芸

すず風《かぜ》にゃん子《こ》・金魚《きんぎょ》

対照的なキャラが光る乙女コンビ

1990年、コンビ結成。1994年、漫才師「じゅんこと金魚」として活動を開始。1995年「にゃん子と金魚」に改名。"女優"に固執するスリムな美人、にゃん子(写真左)、小柄でぽっちゃりの金魚の対照的なたたずまいが可笑しい。金魚は頭に季節の風物詩を乗せた髪飾りが印象的。リアルな猿のまねもパワフルで衝撃的だ。観客がバナナを差し入れると食べてくれる(!?)のでお試しあれ!

芸種:漫才　出囃子:どんぐりころころ

ホンキートンク

寄席で話題の面白コンビ

1970年代に一世を風靡した「星セント・ルイスの最後の弟子」。熊本県生まれで頭髪がいささか寂しい平山利《とし》(写真右)と愛知県生まれの元アイドル志望の間瀬弾《だん》のコンビ。2002年に星セントに師事し、翌年コンビ結成。言動がいちいちコミカルすぎる利が可笑しく、弾は二枚目風(?)。出囃子がチェッカーズの名曲「ギザギザハートの子守唄」なところにも注目。2014年に漫才協会真打昇進を果たした。

芸種:漫才　出囃子:ギザギザハートの子守唄

柳《やなぎ》家《や》小《こ》菊《ぎく》

江戸の音色で大人のラブソングを

にっこり笑顔で品のよいたたずまい、新内《しんない》や端唄《はうた》、俗《ぞっ》曲《きょく》、都々逸《どどいつ》など江戸情緒たっぷりの曲を演奏する音曲師。東京都府中市生まれ。1973年、柳家紫朝《しちょう》に入門。主な持ちネタは淡海節、さのさ、都々逸、やぐら太鼓、たぬき、明烏（新内）、日高川（新内）など。住吉《すみよし》木遣《きや》り連「大江戸小粋組」の一員でもあり、木遣りと住吉踊りの担い手としても活躍中。

芸種：粋曲　出囃子：六段くずし

ロケット団《だん》

テンポのよさが魅力的な漫才

同じ劇団で役者を目指していた、三浦昌朗《まさあき》（写真左）と倉本剛《こう》によるコンビ。劇団内で披露していた漫才コンビ「ロケット団」が結成のきっかけ。2000年からおぼん・こぼんに師事し、本格的に漫才師の道へ。隔月、新宿末廣亭で新ネタ披露の会「ロケット団定例集会」を行ない、ゲストも毎回変わり、話題を呼んでいる。2011年に漫才協会真打昇進を果たした。

芸種：漫才　出囃子：少年探偵団

桂歌春《かつらうたはる》

穏やかな表情 柔らかい声

穏やかな表情と柔らかい声、溶けそうな満面の笑顔で高座に現れ、寄席をゆったりした雰囲気で包み込む。いろんな落語家がいるが、見ていて優しい気持ちになるのはこの師匠くらいか。2018年、師匠の桂歌丸が亡くなった時には筆頭弟子として表に立った。歌丸が最後まで持ち続けていた落語への思い、寄席への情熱を受け継いでいくだろう。娘の田代沙織《たしろさおり》は落語ができるアイドル「ラクドル」として活躍中。

①1949年②宮崎県日向市③二代目桂枝太郎（師没後、桂歌丸）④1970年「枝八」⑤1976年（1979年～「歌はち」）⑥1985年「歌春」⑦さわぎ

桂伸治《かつらしんじ》

温かな 笑顔の高座

柄が大きく、明るくて笑みを絶やさず、根っからの職人気質を持った「古典落語の正統派」で、寄席に欠かせない存在だ。師匠である十代目桂文治が名乗っていた出世名前を継いだ。大らかで親分肌なところもあるのか、近年、弟子志願者が増えており、落語芸術協会で一大派閥をなす勢い。伸治の芸と人柄を慕ってのことだろう。

①1952年②東京都渋谷区③十代目桂文治④1974年「平治」⑤1979年⑥1989年三代目「伸治」⑦外記猿

桂《かつら》文《ぶん》治《じ》

スケールの大きい 声、体、芸風

大きくてはっきりとした声が響く古典派のエース。キャラクター全開(?)のマクラの後は、師匠である先代文治譲りの古典落語や当代の個性がイキイキと輝く地噺まで、何を聴いても楽しい。平素より和服で過ごし、華やかで骨格がしっかりした噺は、コクがあって面白い。正統派の古典落語をきちんと後輩たちに教え伝えていこうとする気概も頼もしい。2012年「十一代目文治」を襲名。

①1967年②大分県宇佐市③十代目桂文治④1985年「がた治」⑤1990年「二代目平治」⑥1999年⑦武蔵名物

桂《かつら》米《よね》福《ふく》

若手でも 名バイプレーヤー

九十代の現役、米丸の弟子だが、新作派が多い一門で古典落語の研鑽を積んでいる。寄席にぴったりな軽い噺にも印象を残す。まだまだ若手と呼ばれる立場だが、寄席で使われることが多いのは重宝されている証だろう。今後ますます寄席の名バイプレーヤーとしていろんな出番で活躍してくれそうだ。

①1965年②富山県③桂米丸④1990年「うの丸」⑤1995年「米二郎」⑥2004年「米福」⑦千代の寿

①生まれた年　②出身地　③入門師匠名　④入門年「名前」　⑤二ツ目昇進年「名前」　⑥真打昇進年「名前」　⑦出囃子

写真提供：国立演芸場

桂《かつら》米《よね》丸《まる》

生涯現役！最高齢の落語家

昭和期には新作落語の担い手としてマスコミで活躍した。90歳を過ぎてもなお高座に上がる、頼もしい長老格。いまだに創作意欲は衰えず、数年前、寄席でトリをとった時、ドローンの出てくる噺をつくって高座にかけていたのを筆者は聴いた。この飽くなきチャレンジ精神、発想のみずみずしさには頭が下がる。新宿の伊勢丹メンズ館でお洋服を買っているという芸協一、ダンディでオシャレな師匠でもある。

①1925年②神奈川県横浜市③五代目古今亭今輔④1946年「今児」⑤1947年⑥1949年「四代目桂米丸」⑦金毘羅舟々

古《こ》今《こん》亭《てい》寿《じゅ》輔《すけ》

陰気で陽気!?独自の路線を進む

鼻の下にちょびひげを生やし、昭和のマンガの登場人物のような風貌で、ラメ入りの派手な着物で登場する。「なりは陽気、でもその分、芸は陰気」「生まれついての陰気者なので、その分、着物を派手にしております」と自虐ネタをニコリともせず繰り広げる。前の方に座る観客を高圧的にいじるのもお手のもので、寄席の高座に現れると嬉しく、得した気分になる。アルトの響く声で意外にも(?)美声である。

①1944年②山梨県甲府市③三代目三遊亭圓右④1968年「右詩夫」⑤1972年「古今亭寿輔」⑥1983年⑦シャボン玉

三笑亭夢太朗《さんしょうていゆめたろう》

小気味いい 日本演芸家連合会長

威勢がよくて小気味いい古典落語は寄席で聴くと格別だ。大ネタも気負わず、軽いネタもゴキゲンで、貫禄もあって様子もよくて響くいいノド。大師匠は八代目三笑亭可楽で、師匠はマスコミでも売れた三笑亭夢楽。夢太朗はそのハイブリッドだと思う。2017年、長年務めた四代目三《さん》遊亭金《ゆうていきん》馬《ば》の後を受け、演芸の各団体を束ねている日本演芸家連合の会長に就任した。今後より一層の活躍を期待したい。

①1948年②東京都大田区③三笑亭夢楽④1967年「夢二」⑤1971年⑥1981年「夢太朗」⑦勧進帳 舞の合方

三遊亭圓馬《さんゆうていえんば》

うまい若手 ここにあり

派手さや奇をてらったところはないが、噺の面白さを引き立て聴かせてくれる素敵な存在。若手に見えぬ落ち着いたお坊さんの様な古風なルックスは二ツ目時代からで、すでに得難い雰囲気があった。その頃から熱心に研鑽を積んでいた。真打昇進と同時に大きな名前を襲名した。これから何十年もかけてもっと進化していくだろう。

①1961年②東京都港区③三代目橘ノ圓④1988年「壱圓」⑤1993年「好圓」⑥2002年「五代目三遊亭圓馬」⑦圓馬ばやし

三遊亭小遊三《さんゆうていこゆうざ》

落語芸術協会
会長代行兼副会長

テレビ番組『笑点』の大喜利レギュラーで、水色の着物で「いい男」「女好き」キャラクターでお馴染みの師匠。テレビでのイメージと、寄席でイナセに古典落語をさらっと魅せるギャップに色気を感じる。威勢がよくて江戸っ子のように後を引かず、軽くテンポのよい古典落語はかっこいいの一言。桂歌丸亡き後は、落語芸術協会の会長代行兼副会長として協会をまとめている。

①1947年②山梨県大月市③三代目三遊亭遊三④1968年⑤1973年「小遊三」⑥1983年⑦ボタンとリボン

三遊亭笑遊《さんゆうていしょうゆう》

にじみ出てしまう
面白さ

しっかり古典をやってもにじみ出てしまう面白さがある。高座上で自由な精神が横溢しており、そのさまが楽しい。身を任せてエヘラエヘラと笑っているうちにハイテンションにギャグを連発する師匠とシンクロして笑いが増幅していく。なんとも形容しがたいこの魅力、寄席でぜひ体験してみて。

①1950年②東京都江戸川区③四代目三遊亭圓遊④1973年「勢遊」⑤1979年「笑遊」⑥1989年⑦麦ついて小麦ついて

三遊亭遊三《さんゆうていゆうざ》

ベテランでも明るさと勢い

落語芸術協会の元気な長老格だ。三遊亭小遊三の師匠でもある。ベテランでも明るさと勢い、ハリのある声で古典落語の大ネタも手掛けるが、歌謡曲の歌詞を「ぱぴぷぺぽ」で唄う自作「ぱぴぷぺぽ」も寄席ならではのネタで、ぜひ聴いてみてほしい。わずか9年で真打に昇進したエピソードを持つ。

①1938年②東京都台東区③四代目三遊亭圓馬④1955年「とん馬」⑤1958年
⑥1964年「三代目遊三」⑦お江戸日本橋

春風亭昇太《しゅんぷうていしょうた》

抜群に面白い俳優活動も盛ん

身辺雑記風のマクラ、新作落語、古典落語、何を聴いても抜群に面白い。登場人物が茶目っ気いっぱいに躍動し、絶妙なテンポで笑いを噴出させている。『笑点』の六代目司会者としても定着した。「熱海五郎一座」をはじめとする舞台、テレビや映画での俳優活動やライブなど、ジャンルをまたいだ活動も多く、それがまた高座へフィードバックされ、ますますパワーアップしていくことだろう。城歩き好きとしても有名で著書もある。

①1959年②静岡県静岡市（元・清水市）③五代目春風亭柳昇④1982年「昇八」⑤1986年「昇太」
⑥1992年⑦デイビー・クロケット

昔《せき》昔《せき》亭《てい》桃《もも》太郎《たろう》

珍キャラが光る！存在がオリジナル

もっちゃりしたしゃべり方、ゆるキャラのようなルックス、無愛想が逆に可愛らしい、ナンセンス落語の巨匠。ユニークな人たちが登場する新作落語では地噺との境界が曖昧で面白い。好きな俳優・石原裕次郎をネタにした「裕次郎物語」や、昭和歌謡曲のお披露目もある「歌謡曲斬る」など、高座で唄うことも多い。前座さんや出演者が高座のまわりに現れ踊ることもあるので、観られたらラッキー。

①1945年②長野県小諸市③五代目春風亭柳昇④1966年「昇太」⑤1969年「とん橋」(1972年～「笑橋」)
⑥1981年「昔昔亭桃太郎」⑦旧桃太郎

柳《やなぎ》家《や》蝠《ふく》丸《まる》

暗さと明るさの共存する魅力

痩せぎすで顔色も悪く、高座に現れると心配になるくらい体調が悪そうに見えるが、声は明るく腕は確か。暗さと明るさが不思議と共存する魅力がある。珍品と呼ばれる変わった、やり手のいない噺をたくさん手掛けている。このルックスで怪談噺を手掛けると……なるほど、怖いです。師匠である先代文治の父親の名前を名乗っている。

①1954年②青森県むつ市③十代目桂文治④1973年「なか治」⑤1977年「柳家小蝠」⑥1988年「二代目蝠丸」
⑦どて福

①生まれた年　②出身地　③入門師匠名　④入門年「名前」　⑤二ツ目昇進年「名前」　⑥真打昇進年「名前」　⑦出囃子

落語芸術協会

北見伸《きたみしん》&ステイファニー

イケメン奇術師と
美女の華麗なるショー

世界的マジシャン北見伸が、魔女軍団「ステイファニー」を率いて華やかで驚きのショーを繰り広げる。北見は1979年、北見マキに入門し、世界で研鑽を積んだベテラン。最近ではマジック界のアイドルとして、瞳ナナ（写真右）や小泉ポロン（写真左）、マジックジェミーらをデビューさせるなど多角的に活動中。

芸種：奇術

東京《とうきょう》ボーイズ

三味線&ウクレレ
和洋折衷コンビ

「天気がよければ晴れだろう、天気が悪けりゃ雨だろう、雨が降ろうと風が吹こうと　東京ボーイズ　ほがらかに」のテーマソングにのせて陽気に現れるコンビ。ウクレレの仲八郎（写真上）と三味線の菅六郎が、いろいろな歌をネタに楽しいおしゃべりを繰り広げる。お馴染みの「謎かけ問答」では、お客さんから歌手などの有名人のお題をもらい、歌いながら謎かけを解いてくれる。ぜひ、お題を出してみて！

芸種：ボーイズ

桧《ひ》山《やま》うめ吉《きち》

着物姿が艶やかな俗曲師

岡山県倉敷市生まれの自称「唄って踊れる俗曲師」。着物に自毛で結った日本髪、白塗りの化粧という出で立ちで、三味線を奏でながら端唄、民謡や昭和歌謡を歌う。1996年、桧山さくらに端唄、俗曲を師事。その後、1999年に桧山うめ吉として色物に転向し前座になる。2000年、前座修業を終え、色物として一本立ちした。

芸種：俗曲

ぴろき

一度観たら忘れられない！

「明るく陽気に行きましょう♪」とウクレレを片手に、自虐的不幸自慢話を披露する漫談師。ちょんまげのヘアスタイルに、丸眼鏡・フリルのブラウス・蝶ネクタイ・幅広のズボンという個性的なキャラクターで観客の心をわし掴み。1986年、故・東八郎《あずまはちろう》主催「笑塾」に入学、師事した後、東八郎劇団にて初舞台を踏む。1996年、ウクレレ漫談を開始。浅草ロック座専属コメディアンでもある。1964年、岡山県生まれ。

芸種：ウクレレ漫談

ボンボンブラザース

日本とドイツの曲芸をコラボ！

日本の古典曲芸とドイツ式ジャグリングをミックスさせた「モダン曲芸」を披露する。終始無言で紙を細長く折って鼻の頭に立てる、鏡味繁二郎（写真左）の芸は彼らの真骨頂。ゆらゆら動く紙を落とさないように、ステージを飛び越えて客席にまでふらふら。太神楽師の大家・鏡味時二郎に入門して腕を磨いた鏡味勇二郎と繁二郎が、1962年に結成したコンビ。

芸種：太神楽曲芸

宮田陽《みやたよう》・昇《しょう》

驚異の暗記力で抱腹絶倒

「東海道五十三次」「47都道府県」「U.S.A」「中国地図」など地図をネタに、記憶を駆使した漫才が好評。コンビ結成のきっかけは、宮田陽（写真左）が1993年に結成した劇団「TIME Produce」。宮田昇はその劇団に入団し二人は出会う。同劇団解散後の1999年にコンビを組み、本格的に活動を開始した。いまではナイツやロケット団とともに漫才協会の「若手四天王」に名を連ねる。

芸種：漫才

キャラクター
診断で選ぶ

あなたに おすすめの 落語

落語国の中ではあなたはどのタイプ？
古典落語の住人に振り分け、その登場人物が活躍するおすすめの落語を紹介します。

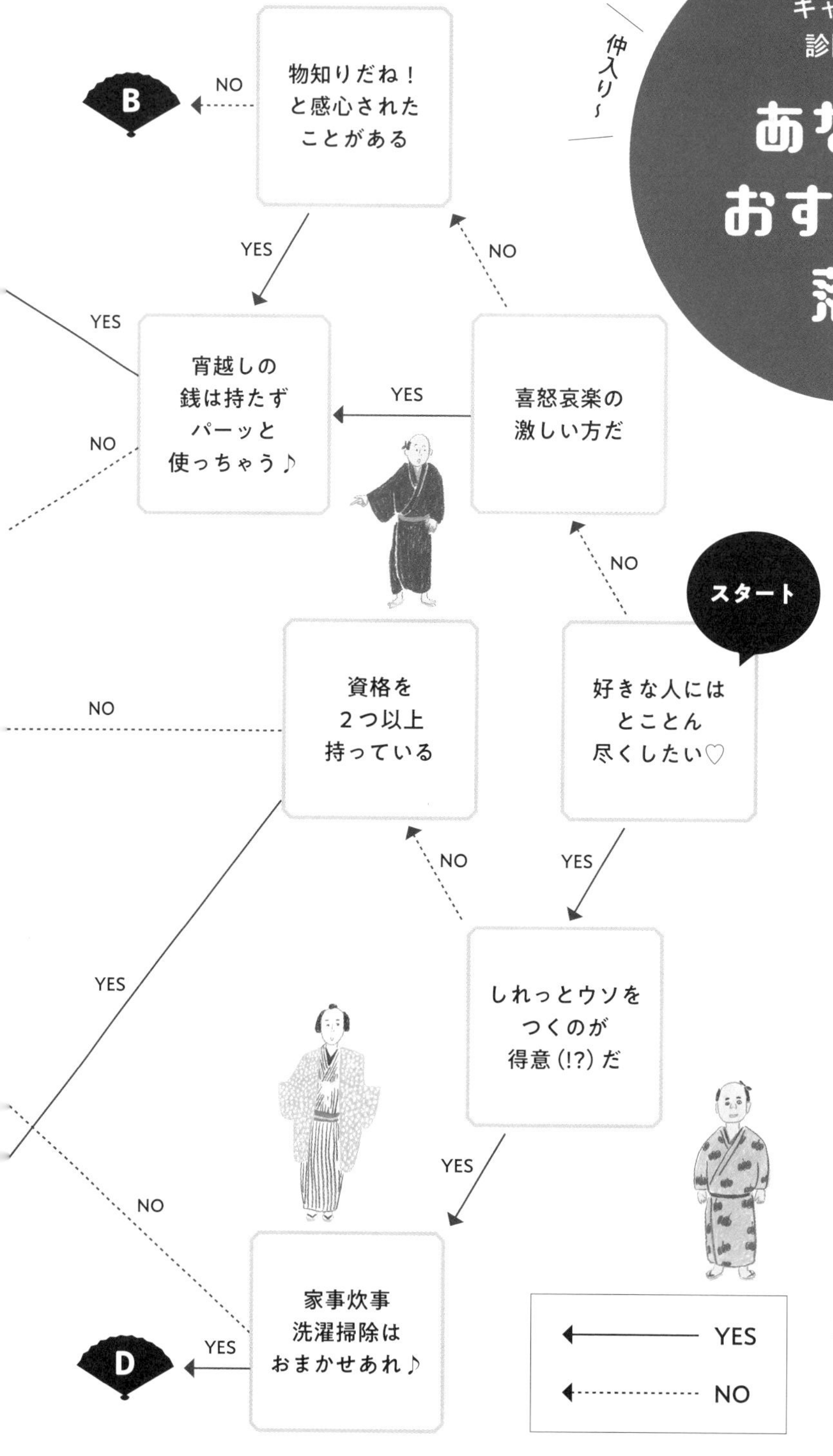

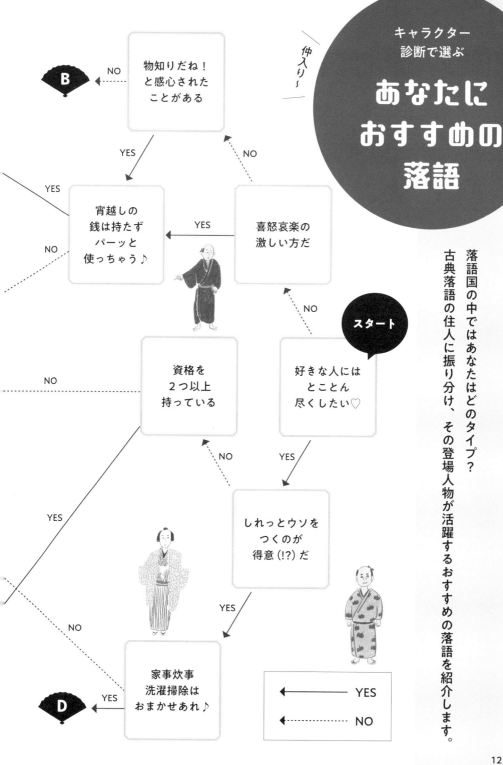

A ご隠居タイプ

物知りで落ち着いているあなたは長屋のご意見番で、皆の相談にものるご隠居タイプ。時には知らないことを知ったかぶりしてしまうことも。そんなあなたは「やかん」「千早《ちはや》ふる」「茶の湯」など、ご隠居さんが活躍（?）する噺を聴いてみて。きっと隠居後の生活が楽しみになるはず。

おすすめ古典落語

「やかん」「千早ふる」「茶の湯」など

B 八っつあん、熊さんタイプ

典型的な江戸っ子タイプのあなた。落語国では大活躍で、まさに主役中の主役。失敗しても、フラれても、怠けても、つねに生命力あふれるあなたはみんなの人気者。「妾馬《めかうま》」「大山詣り」「猫の災難」「粗《そ》忽《こつ》長屋」などを聴いてみて。気分は江戸時代の長屋へトリップ♪

おすすめ古典落語

「妾馬」「大山詣り」「猫の災難」「粗忽長屋」など

C 花魁《おいらん》タイプ

意中の間夫《まぶ》が来ればとことん尽くし、そうでもなければ適当にあしらう、自分に正直に生きる花魁から、純粋な愛を追い求める花魁など、タイプは様々。「幾代《いくよ》餅《もち》」「紺屋《こうや》高尾《たかお》」「三枚起請《ぎしょう》」「たちきり」などを聴いて、真実の愛とは何か、考えてみよう。

おすすめ古典落語

「幾代餅」「紺屋高尾」「三枚起請」「たちきり」など

D おかみさんタイプ

しっかりもので、夫を支え、自分で稼ぐこともできる魅力的なあなた。頼りない夫に時に入れ知恵もするが、基本通底には夫への愛情があり、家庭はおかみさんが取り仕切っている。「鮑《あわび》のし」「青菜」「厩火事」「子別れ」などを聴いてみて。理想の夫婦のカタチが思い浮かぶかも。

おすすめ古典落語

「鮑のし」「青菜」「厩火事」「子別れ」など

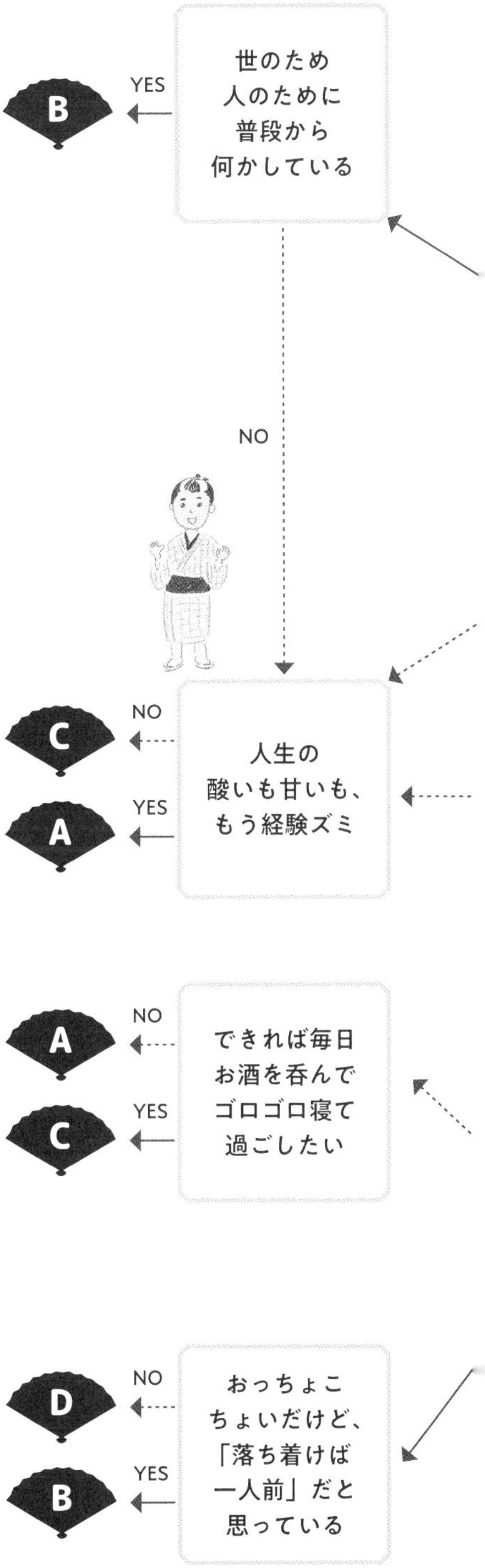

寄席で
よくかかる

古典落語トップ50

寄席でよく聴くことのできる古典落語を50集めてみました。
その落語の簡単なあらすじと、聴きどころとしてのキーポイント、
舞台設定などを解説します。

シンプルなネタが誰からも好まれる

寄席での持ち時間は、マクラを含めて一人15分ほどと短め（主任以外）。長講はなかなかお目にかかれず、短くても分かりやすく、ウケを狙いやすいものが多く選ばれます。

「道灌《どうかん》」「初天神」「たらちね」「金《きん》明竹《めいちく》」などは、いわゆる前座がはじめに覚える前座噺ですが、二ツ目も真打もよく高座にかけます。だからこそ、いろいろなタイプを聴き比べできて面白いものです。

一度聴いたことのある噺でも、語る人によって、全くがらりと変わって聴こえるのが落語の醍醐味。落語家が本編に入り、「あ、このセリフということはあの落語だな」と気付けるようになったら、あなたの落語耳が育ってきている証拠です。

落語家が高座でかけるネタは当日に決めています。その日の寄席に集まっているお客さんの雰囲気を見て、また、それまでにかけられたネタを見て決めています。その日に聴いたネタが何だったのか知りたい時、このページを開いてみてください。

〈編集部〉

レアな古典落語は？

長講はなかなか寄席ではかかりません。半面、ホール落語会などではネタも事前に告知している場合が多いので、じっくりと聴くことができます。聴きたいネタが決まっている時は狙ってみましょう。

季節ごとに聴きたい古典落語

春		夏		秋		冬	
崇徳院	28	青菜	06	茶の湯	04	芝浜	03
宮戸川	49	皿屋敷	23	野ざらし	45	文七元結	05
紺屋高尾		死神	25	目黒のさんま		明烏	08
長屋の花見		ちりとてちん	34	甲府い		親子酒	15
愛宕山		たがや		宿屋の仇討		時そば	43
大山詣り		応挙の幽霊				初天神	46
たけのこ		千両みかん				中村仲蔵	
百年目							

※上の数字は、p125〜142の「寄席でよくかかる古典落語トップ50」のナンバーです。

口八丁でみんなのトリコに

01 居《い》残《のこ》り佐《さ》平《へい》次《じ》

粋

あらすじ

仲間を誘って品川の妓楼《ぎろう》にやって来た佐平次。さんざん豪遊した後、仲間だけを帰す。さらに一人で遊び尽くし、金がないと知れると行燈《あんどん》部屋（物置小屋）に居残ってしまう。この佐平次、気が利く器用な男で、たちまち遊女やお客さんの心を鷲づかみに。ついには座敷の指名までかかり、お客さんの祝儀もことごとくかすめ取ってしまう。

とうとう店の主人も、借金を帳消しにする代わりに出ていってほしいと佐平次に頼む。すると、佐平次は……。

キーポイント

居残りという職業があるなんてビックリだが、実際にそんな職はなかったらしい。この噺のサゲは現代に分かりにくいということで、いろいろなサゲが登場している。1957年の映画『幕末太陽《ばくまつたいよう》傳《でん》』の原作としても有名。

場所

・品川の妓楼

登場人物

・佐平次
・佐平次の仲間
・客
・店の若い衆
・遊女
・妓楼の主人

落語のジャンル：笑 笑える 泣 泣ける 怖 怪談もの 色 お色気・ラブストーリー 粋 粋な話

正直者ばかりが集まると……

02 井戸《いど》の茶碗《ちゃわん》

笑 粋

あらすじ

正直者で有名なくず屋の清《せい》兵衛《べえ》。裏長屋の千代田卜斎《ちよだぼくさい》という浪人から、すすけた仏像を三百文で預かった。細川屋の若侍・高木作左衛門《たかぎさくざえもん》がその仏像を購入。高木が仏像を磨いていると、中から五十両の小判が出現。

高木は清兵衛を呼び出し、この五十両を元の持ち主に返してほしいと依頼。ところが、卜斎は手放したものは受け取らないと断固拒否。折半で決着したかに見えたが、卜斎から渡された茶碗がさらなる騒動に……。

キーポイント

元々は講談の「細川の茶碗屋敷」というネタだった。

正直者の清兵衛はくず屋。江戸時代はリサイクルが進んでいた時代。不要になった紙くずを集める、くず屋という商人が町中を歩いていた。

場所

・千代田卜斎の家
・高木作左衛門の家

登場人物

・清兵衛
・千代田卜斎
・高木作左衛門
・千代田の娘
・細川侯

年の瀬に聴きたい人情噺

03 芝浜《しばはま》

泣

あらすじ

飲んだくれの魚屋は、女房に起こされ、しぶしぶ商売に出かける。ところが、女房は間違えて早く起こしてしまった。魚屋は仕方なく芝の浜で煙草を吸っていると、汚い財布を拾い、思いがけず大金を手に入れることに。

大喜びで帰宅して豪遊し尽くす魚屋。酒に酔ってぐっすり寝込むが、目が覚めてみたところ、女房は昨夜の財布は夢だと告げる。魚屋は自分に嫌気がさして、人が変わったように仕事に精を出すが……。

キーポイント

芝浜は今の港区芝4丁目の第一京浜南方にある海岸線で、干網場だった。魚屋が早朝、市場にやって来て煙草を吸っている場面で、この芝浜の情景が描かれる。ここが語り手の腕の見せ所ともいわれる。

場所

・芝の浜
・魚屋の家

登場人物

・魚屋
・女房

風流と思いきや……

04 茶《ちゃ》の湯《ゆ》

笑

あらすじ

退屈で退屈すぎるご隠居。退屈を紛らわそうとして、小僧の定吉と茶の湯をはじめてみた。しかしハナから、作法は知らない。知ったかぶりで道具を揃え、町人を招いてみた。

ところが、青黄粉《きなこ》にムクの皮を泡立てたものがお茶として出されたものだから、皆は大慌て。茶菓子を買うお金も無くなり、ご隠居が用意したものは、ふかし芋に行燈《あんどん》用のともし油を塗った代用品。

そこに、何も知らない金兵衛という男が茶の湯を目当てにやって来た。

キーポイント

現代では茶道といえば女性だが、もともとは武士のたしなみだった。ムクの皮は当時、使われていた植物由来の石けん。菓子のようかんが高価だったのは砂糖を大量に使うから。当時の庶民の生活が垣間見られて面白い。

場所

・ご隠居の家

登場人物

・ご隠居
・定吉
・ご近所の町人たち
・金兵衛

江戸っ子の粋があふれ出る

05 文《ぶん》七《しち》元《もっと》結《い》

泣 粋

あらすじ

腕のいい左官職人だが、根っからの博打好きで身を持ち崩した長兵衛《ちょうべえ》。心配した一人娘のお久《ひさ》は、吉原に身を売ってお金をこしらえようとする。心を動かされた店の女主人は長兵衛に金を貸し、一年以内に借金を返すよう約束させる。

さすがの長兵衛も心を入れ替えることに。だが、その帰り道、長兵衛は身投げをしようとする若い男・文七に出会う。店から預かった金を無くしてしまったのだという。長兵衛は先ほど借りたお金を男に投げつけ立ち去ってしまう……。

キーポイント

三遊亭圓朝《えんちょう》の作った人情噺で、歌舞伎でも上演されている人気作。文七が身投げをしようとしたのは吾妻橋《あづまばし》。いまも浅草寺近くの隅田川にかかっている。ちなみに、落語で身投げをしようとする人はたいてい吾妻橋に立つ。

場所

・長兵衛の家
・吉原
・吾妻橋

登場人物

・長兵衛
・お久
・吉原の店の女主人
・文七
・文七の主人

お金持ちの生活に憧れて

06 青《あお》菜《な》

笑

あらすじ

植木屋が仕事先の屋敷で旦那にご馳走になった。菜を切らしていたことを、奥様は機転を利かせて隠し言葉で伝えた。その上品さがうらやましくなり、自宅でもまねをしようと思った植木屋。早速、女房にこの話を聞かせて、友だちの大工を招いたが……。

キーポイント

気品あふれる上流階級と長屋の住人たちの対比がミソ。旦那のご馳走は、酒のやなぎかげ（甘い酒）、鯉のあらい、青菜。一方、植木屋の方はイワシの塩焼き。

場所

・旦那の家
・植木屋の家

登場人物

・旦那　・奥様
・植木屋
・植木屋の女房
・植木屋の友だち

あくびのしかた、教えます？

07 あくび指《し》南《なん》

笑

あらすじ

町内の一角に立てられた看板は「あくび指南」。四季折々のあくびを教えてくれるのだそうだ。ある日、熊五郎は渋る友だちを引き連れてここを訪れた。あくびの稽古に段々と熱が入る先生と生徒をよそに、付き添いの男は退屈がつのり……。

キーポイント

江戸時代、稽古教室が盛んだった。落語にもよく登場する。茶の湯、義太夫《ぎだゆう》、芝居などから喧嘩まで実に様々。江戸っ子の知的好奇心の高さがうかがえる。

場所

・あくび指南所

登場人物

・熊五郎
・あくびの先生
・友だち

お堅い男もとろとろに？

08 明《あけ》烏《がらす》

色

あらすじ

日本橋日向屋の若旦那・時次郎は堅物の中の堅物。父親の半兵衛は遊びの一つぐらいでも覚えさせようと、遊び人二人に頼んで連れ出してもらうことに。「お稲荷さん参り」とだまされ、時次郎が連れてこられたのは遊郭・吉原だった。帰りたいとごねる時次郎だが……。

キーポイント

遊郭の吉原（台東区千束・浅草寺裏）は落語によく登場する遊びのスポット。噺のキーとなる大門《おおもん》は、今も「大門通り」といった地名に残っている。

場所

・時次郎の家
・吉原

登場人物

・時次郎
・遊び人二人
・時次郎の父親
・花魁《おいらん》

下ネタだけど笑い飛ばして

09 家《いえ》見《み》舞《まい》

笑

あらすじ

兄貴の新築祝いに、贈り物をしたい弟分二人。道具屋を物色するが、貧乏な二人が買えたのは水瓶ならぬ、便器用のかめ（肥瓶《こいがめ》）。兄貴の家を訪れると、冷奴、ほうれん草のおひたし、炊き立てのご飯でおもてなしを受ける。しかし、その料理の水、何で汲んだもの……？

キーポイント

別題「肥瓶」ともいう。当時、井戸から生活用水を汲んでくるため、水瓶は必須品だった。一方、肥瓶は便所に埋められて用いられた。

場所

・道具屋
・川のほとり
・兄貴の家

登場人物

・男二人
・兄貴
・道具屋

高嶺の花を射止めた純愛

10 幾《いく》代《よ》餅《もち》

泣　色

あらすじ

搗米屋《つきごめや》の奉公人・清蔵が惚れた相手は吉原の幾代太夫。清蔵は一年必死で働いて、身分を偽ってようやく出会えることに。

太夫は最高級の花魁で、美女というだけではなく、教養も優れていないといけなかった。一途な思いを抱いた清蔵。果たして思いは通じるのか？

キーポイント

似た話に「紺屋高尾《こうやたかお》」がある。こちらの主人公は紺屋町の染め物職人。晴れて夫婦となった二人は、のれん分けしてもらい店を開く。

場所

・搗米屋
・吉原

登場人物

・清蔵
・親方
・幾代太夫
・医者の先生

日がな一日の〜んびり無駄話

11 浮《うき》世《よ》床《どこ》

笑　色

あらすじ

ヒマな連中が集って、世間話に花が咲く床屋。字の読めない奴が軍記物語を読んでいたり、へぼ将棋を指していたり、今日もぼんやりと時間が過ぎていく。

そんな中、「年増に言い寄られて寝ていないんだ」と、女にもてたノロケ話をはじめる奴が現れて……。

キーポイント

江戸時代の床屋、髪結い床は社交場の一つ。若い衆が集まって馬鹿話で盛り上がっていた。そんな連中がわんさかと出る、賑やかなネタ。

場所

・床屋

登場人物

・半ちゃん
・松公
・町内の連中
・お嬢様
・お嬢様の乳母

牛をほめる文句とは？

12 牛《うし》ほめ

笑

あらすじ

与太郎は父親に「叔父さんの家に行き、新築祝いの口上を述べて、ついでに牛もほめてこい」と言われる。ちょっとネジの緩んでいる与太郎、ほめ文句を習っても覚えられる自信がないからと、紙に書いてもらった。無事に叔父さんの家と牛をほめることができるのか？

キーポイント

元は落語の祖とされる安楽庵策伝《あんらくあんさくでん》の『醒睡笑《せいすいしょう》』にみられる話。そして、初代林屋正蔵が「牛の講釈」としてかけたネタでもある、歴史ある一席。

場所

・与太郎の家
・叔父の家

登場人物

・与太郎
・与太郎の父
・与太郎の叔父

働き者の女房と道楽者の亭主

13 厩《うまや》火《か》事《じ》

笑

あらすじ

髪結いのお咲には年下の亭主がいるが、毎日ゴロゴロしていて働きに出ない。今日もケンカしたお咲は、仲人の旦那の家に駆けこむ。

旦那は亭主の大切にしている皿を割って、お咲とお皿どちらをとるか試してみろという秘策を授ける。果たして、結果は？

キーポイント

厩火事は中国の孔子《こうし》に由来する。孔子が外出中に、厩から火事が出て、大切な白馬が亡くなってしまう。しかし、孔子は家人の心配をしたというよい話。

場所

・お咲の家
・旦那の家

登場人物

・お咲
・お咲の亭主
・旦那（仲人）

恋は盲目というけれども

14 お見《み》立《た》て

色

あらすじ

杢兵衛《もくべえ》のお目当ては喜瀬川花魁《きせがわおいらん》。しかし、喜瀬川は杢兵衛の顔を見るのも嫌で、自分は死んだことにしてと若い衆の喜助に頼む。杢兵衛は墓参りしたいと言い出す。山谷あたりのどこかの寺に連れ出してみるも、喜瀬川の墓などあるはずもない。「この墓です」と案内すると……。

キーポイント

花魁は嫌な客を断ることができた。お見立てとは、客が花魁を指名することをいう。お店の表にずらりと花魁が並び、客は品定めをした。

場所

・吉原
・山谷の寺

登場人物

・杢兵衛
・喜瀬川
・喜助

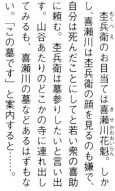

血は水よりも濃い！

15 親《おや》子《こ》酒《ざけ》

笑

あらすじ

大酒飲みの父親と、これまた酒好きの息子。一緒に禁酒しようと決意する。しかし、息子が留守の間に、飲みたくなった父親。あれやこれやの手を使って、女房からお酒をゲット。少しだけ、少しだけ、大丈夫とぐいぐい飲んでしまったところで、息子が帰宅する。

キーポイント

聴くとお酒を飲みたくなる一席。上《じょう》戸《ご》とはお酒をたくさん飲める人のこと。対義語は下《げ》戸《こ》、お酒の飲めない人。別題「親子の生酔い」ともいう。

場所

・自宅

登場人物

・酒好きの父親
・酒好きの息子
・女房

ケチは遺伝する？

16 片《かた》棒《ぼう》

笑

あらすじ

お金を貯め込んだ大店の主人、赤螺屋《あかにしや》吝《けち》兵衛《べえ》は3人の息子の誰に跡を継がせようかと思い、自分の葬式の計画を一人ずつ問う。長男は盛大にすると言う。次男は山車で街を練り歩くと豪語。三男は質素な葬式にするとのこと。吝兵衛のお眼鏡にかなうのは誰!?

キーポイント

屋号・赤螺《あかにし》屋のあかにしとは、タニシのこと。タニシは殻を閉じて開かないので、お金を握って離さないケチのことを例えて名付けられた。

場所

・赤螺屋の座敷

登場人物

・吝兵衛
・吝兵衛の3人の息子

ハラハラドキドキ浮気の行方

17 紙《かみ》入《い》れ

色

あらすじ

奉公先の旦那のおかみさんといい仲になった新吉。旦那の留守中に逢引きしていると、旦那が突然の帰宅。慌てて逃げだしたものの、旦那にもらった紙入れを忘れてしまった！ しかも、中にはおかみさんからのラブレターが。新吉、どうやって取り戻す？

キーポイント

江戸時代、武士の間男は死罪に値する重罪だった。町人は示談で済んだらしい。その金額は大判一枚金十両で、その後の為替変動で七両二分に。

場所

・旦那の家

登場人物

・新吉
・奉公先の旦那
・おかみさん

よ～く耳をすまして聴いて！

18 金《きん》明《めい》竹《ちく》

笑

あらすじ

おじさんから頼まれ、与太郎が道具屋の店番をしていると、上方の加賀屋佐吉方からの使いが現れる。ところが、この使い、早口なうえに上方弁で何を言っているのかてんで分からない。おかみさんも、ちんぷんかんぷん。やがて、おじさんが帰ってきて先客のことを聞くが……。

キーポイント

金明竹とは中国原産の名竹。全体的に黄金色で観賞用が主だが、筆軸や煙管の細工などに使われる。この噺ではその他、様々な固有名詞が次から次へと飛び出す。

場所

・道具屋

登場人物

・与太郎
・おじさん
・おかみさん
・上方弁の使い

強がりは江戸っ子の証？

19 強《ごう》情《じょう》灸《きゅう》

笑 粋

あらすじ

ある男が、友だちからお灸をすえた時の自慢話を聞かされる。「お灸なんか大したことない、俺のお灸のすえ方を見てみろ！」と、もぐさを腕に山盛りに。心配する友だちをよそに、火をつけてしまう。段々ともぐさに火がまわってきて、熱さも限界に……。

キーポイント

元は上方落語「やいと丁稚《でっち》」だが、東西の気質の違いが見て取れる。上方は商家の主人が丁稚にお灸をすえて見せるという噺。聴き比べてみると楽しい。

場所

・町内

登場人物

・男
・友だち

お世辞上手は世渡り上手

20 子《こ》ほめ

笑

あらすじ

ご隠居の家に来るなり「タダの酒を飲ませてくれるって？」と八五郎。タダ酒を飲みたいならお世辞の一つでも言えと、上手なお世辞を教わることに。伊勢屋の番頭に出会い、早速実践するが失敗。次に、赤子が生まれた竹さんの家で再挑戦することに……。

キーポイント

安楽庵策伝『醒睡笑』に原話が見られる、歴史の長いネタ。この落語には、生まれた時に一歳とする「数え」による年齢の数え方が出てくる。

場所

・ご隠居の家
・竹の家

登場人物

・八五郎　・ご隠居
・伊勢屋の番頭
・竹　・竹の子ども
・竹のおじいさん

夫と妻の二重スパイに

21 権《ごん》助《すけ》魚《ざかな》

笑

あらすじ

旦那の浮気を疑った奥様は、田舎者の権助に旦那の供をさせる。一方、旦那の方は奥様の倍の金で権助を買収。友だちと隅田川で網打ちをしたことにして、魚を買ってきた帰りと嘘をつかせることに。

ところが、権助は山育ちで魚を知らない。川にいない魚ばかり買ってしまう。

キーポイント

権助は江戸落語によく登場する奉公人キャラ。本来は、地方出身の飯炊きを指す職業名で、落語でも朴とつな田舎者に描かれ、狂言まわしとして扱われる。

場所

・商家の奥座敷
・魚屋

登場人物

・権助
・旦那
・奥様
・魚屋

マセた上に小賢しいガキ

22 真《さな》田《だ》小《こ》僧《ぞう》

笑 色

あらすじ

小遣いが欲しい金坊。父親に母親の秘密を知っていると言う。「父の留守中に、ある男が母を訪ねて来て……」先を知りたい父は、次から次へと金坊にお金を払ってしまう。

母を訪ねてきたのが按摩《あんま》と分かった時は後の祭り。金坊はお金を持って去っていく。

キーポイント

真田は戦国時代の武将・真田幸村《ゆきむら》から。噺の後半で『真田三代記』という歴史小説が登場することから付いた名だが、ここまで演じられることは少ない。

場所

・家

登場人物

・父親
・母親
・子どもの金坊

幽霊さえもパロディー化

23 皿《さら》屋《や》敷《しき》

怖

あらすじ

廃屋となっている皿屋敷に、いまもなおお菊の幽霊が現れて、皿の数を数えているらしい。9枚の声を聞いたものは狂い死ぬというが、7枚目ぐらいで逃げれば大丈夫と言い出す者が現れた。

怖いもの見たさで、町内の若い衆は皿屋敷に行ってみることになったが……。

キーポイント

人形浄瑠璃や歌舞伎にもなった皿屋敷の怪談を元にした噺。なんでも笑いに変えてしまう江戸っ子のパワーが感じられる。上方落語のネタだった。

場所

・皿屋敷

登場人物

・お菊の幽霊
・町内の若い衆
・香具師（興行師）

金は天下のまわりもの

24 持《じ》参《さん》金《きん》

色

あらすじ

やもめの男は百円の借金で困っていた。すると、友だちが百円の持参金を持っている女房を世話しようと持ち掛ける。

しかしその女、顔の色が真っ黒で、鼻もつぶれている。おまけに妊娠八か月の身重だった！ 背に腹は代えられない男は承諾するが……。

キーポイント

「不思議の五円」とも。十返舎一九《じっぺんしゃいっく》の『東海道中膝栗毛』の「発端」がこのネタになっている。持参金とは結婚する際に実家から持っていくお金のこと。

場所

・やもめ男の家

登場人物

・やもめ男
・友だち
・世話焼きの男

背筋ゾーッ

25 死《しに》神《がみ》

怖

あらすじ

死神から、死にそうな人に憑いている死神を追い払う呪文を教えてもらった男。にわか医者になって大儲け。大金尽きて、ある男についていた死神を騙す一計を案じる。怒った死神は男をある場所へ連れて行く。そこは人の寿命を表わすというロウソクのある部屋だった……。

キーポイント

一説によると、三遊亭圓朝がグリム童話「死神の名付け親」とイタリアのオペラを元に作ったとされる。サゲが落語家によって変わるところも見どころ。

場所

・男の家
・大店の奥座敷
・死神の穴ぐら

登場人物

・男
・死神

キリスト教がモダンだった？

26 宗《しゅう》論《ろん》

笑

あらすじ

仏教徒の家の若旦那はキリスト教信者。家の宗旨の大切さを説く父親に対し、外国人宣教師のまねをしながら、新約聖書の一説を語る若旦那。激高した父親は手を上げてしまう。そこに飯炊きの権助が仲裁に入る。「宗論はどちら負けても釈迦の恥て言いやす」

キーポイント

益田太郎冠者が明治時代に改作した落語。狂言にも同じ題目があり、日蓮宗と浄土真宗の僧が旅の途中で教義争いをするというもの。

場所

・家

登場人物

・父親
・息子（若旦那）
・番頭
・権助

命名は慎重に

27 寿《じゅ》限《げ》無《む》

笑

あらすじ

子どものお七夜に名前を付けなければならないと悩む父親（八五郎）、寺の和尚に相談に行く。すると、和尚、縁起のよい名前をたくさん教えてくれた。父は深く考えずに、その名前を全部付けてしまった。

こうして、まれに見る長～い長い名前ができ上がった。

キーポイント

子どもにも分かりやすいネタで学校寄席でもよくかかる。「寿限無」は寿が限りなく死ぬことがない、という意味。江戸時代、長生きが親の願いだった。

場所
・家
・寺

登場人物
・八五郎　・女房
・子ども
・子どもの友だち
・和尚

和歌でつづる純愛物語

28 崇《す》徳《とく》院《いん》

色

あらすじ

上野の清水観音で、あるお嬢様に一目ぼれした若旦那。恋煩いに落ちてしまう。このピンチを救おうと熊さんは、残された和歌「瀬をはやみ岩にせかるる滝川の」を手掛かりに、恋の相手を尋ねてまわる。湯屋18軒、床屋36軒を歩き、そしてとうとう37軒目で……。

キーポイント

崇徳院は平安時代に非業の死をとげた皇子。保元の乱に敗れ、後白河法皇と平清盛によって讃岐に流された。湯屋も床屋も江戸っ子の情報発信地だった。

場所
・お店
・熊の家
・床屋

登場人物
・若旦那　・お嬢様
・熊　・女中
・熊の女房　・床屋の親方
・大旦那

抱腹絶倒のおっちょこちょい

29 粗《そ》忽《こつ》の釘《くぎ》

笑　色

あらすじ

とある夫婦が新居に引っ越してきた。女房は壁に、ほうきをかける釘を打ってほしいと亭主に頼む。そそっかしい亭主は、薄い長屋の壁に瓦釘を打ち込んでしまう。驚いた女房、急いで隣家に謝りに行けと言う。隣家を訪れた男は調子に乗って、自分たちの新婚時代を語りはじめる。

キーポイント

落語にはそそっかしい男が多く登場するも、これほどの粗忽者はいないだろうと思わせてくれる滑稽《こっけい》噺。上方落語では「宿替え」という。

場所
・長屋

登場人物
・亭主
・女房
・長屋の隣人

趣味もほどほどに

30 たいこ腹《ばら》

笑

あらすじ

普通の道楽に飽きてしまった若旦那。次に凝りはじめたのが、なんと鍼《はり》だった。枕や猫相手に鍼を打っていたが、やっぱり人間に打ってみたい。

そこで、目を付けたのが幇間《ほうかん》の一八《いっぱち》。お金で釣られてしまい、一八は腹に横から打つならいいと承諾してしまう。

キーポイント

別題「幇間腹《たいこ》」。幇間を別名、太鼓持ちと呼ぶ。鍼は鍼治療のことで、6世紀頃、中国から伝わった。江戸時代は趣味で打てたとなると怖いもの。

場所

・若旦那の家
・茶屋の二階

登場人物

・若旦那
・幇間の一八
・茶屋の女将

新妻の初々しさがキュート

31 たらちね

笑

あらすじ

器量よしの美人だが、ただ一つのキズは言葉がていねいすぎること。そんな女性との結婚を決めた八五郎。新妻に名前を聞くと「そもそもことの姓名は父は元・京都の産にして姓は安藤……」と生まれた経緯から語り出した。こうして、二人の新婚生活はてんやわんやではじまった。

キーポイント

噺に出る「偕老同穴《かいろうどうけつ》の契り」とは同じ墓に入る、という意味。最近では、墓は別々にという夫婦が増えているようだが、江戸の結婚事情との違いを味わいたい。

場所

・大家の家
・八五郎の家

登場人物

・八五郎
・新妻の清女《きよじょ》
・大家
・大家の嫁

美人の婿は薄命？

32 短命《たんめい》

笑 色

あらすじ

質屋・伊勢屋の婿養子が立て続けに亡くなった。段々と顔色が悪くなって床に就いたまま亡くなってしまう。これで三度目だ。伊勢屋のおかみさんは美人で人格者。お店も安定している。ご隠居は「おかみさんが美人。というのが、短命の元だよ」と言う。なぜだろう？

キーポイント

いわゆる艶笑《えんしょう》噺だが、直接的な描写は一切ない。噺で美人の根拠を「白魚を五本並べたような、透き通るような手」と表現。いまも昔も、美は指先に宿るようだ。

場所

・ご隠居の家
・植木屋の家

登場人物

・ご隠居
・植木屋
・女房

トンデモこじつけに大爆笑

33 千《ち》早《はや》ふる

笑

あらすじ

娘から百人一首の和歌「千早ふる神代《かみよ》も聞かず龍田川《たつたがわ》からくれないに水くぐるとは」の意味を聞かれて分からない男。自称〝物知り〟の先生に聞きに行ったが、どうやら先生も知らないらしい。しかし、そこは先生。知らないながらも、必死に答えを探り寄せる。

キーポイント

題材の和歌を作ったのは平安時代の歌人・在原業平《ありわらのなりひら》。『伊勢物語』の主人公であり、美男子の代表格。元は「くぐる」ではなく「くくる」だとか。

場所
- 先生の家

登場人物
- 男
- 先生

グルメ通ぶったら珍味が

34 ちりとてちん

笑

あらすじ

ある夏の日、旦那の家にやって来た金さんはお世辞上手で、料理は何でも大げさに喜ぶ。一方、六さんは何でも知ったかぶりをする嫌われ者。一杯食らわせてやろうと、旦那は腐ってカビの生えた豆腐に唐辛子を混ぜて、「台湾名物ちりとてちん」と言って出してみた。すると……。

キーポイント

江戸っ子はグルメだった。初物好きとしても有名。「酢豆腐」も似た落語だが、腐った豆腐に唐辛子も混ぜてしまう「ちりとてちん」の旦那の方が一枚上手？

場所
- 旦那の家

登場人物
- 旦那
- 金さん
- 六さん

損してる？　得してる？

35 壺《つぼ》算《さん》

笑

あらすじ

ある男が買い物上手な兄貴と一緒に、瀬戸物屋に水瓶を買いに行った。七円の二荷《か》入りの水瓶ではなく、一荷入りのものを買って「間違えた」と言いつつ、結局、二荷入りを六円に負けさせた。もやもやした気分の瀬戸物屋に対し、二人はさらにある珍手段をとる……。

キーポイント

上方落語のネタだった。荷とは水瓶の容量の単位。天秤棒《てんびんぼう》の両端にかけて、一人で肩に担えるだけの分量のこと。一荷は約50キロ。

場所
- 瀬戸物屋

登場人物
- 瀬戸物屋の主人
- 兄貴分の男
- 弟分の男

上手な泥棒になるには？ 笑

36 出《で》来《き》心《ごころ》

あらすじ

おっちょこちょいな新米泥棒。親分に空き巣のテクニックを教わり、実践する。貧乏な長屋へ潜入するも、何も盗むものがない。そうこうするうちに、家人が帰宅。慌てて隠れていると、泥棒に入られたと悟った家人は、これを理由に家賃延滞を思い付くのだが……。

キーポイント

「花色木綿」としても知られるネタ。花色木綿とは、はなだ色（略して花色という）に染めた木綿で、薄い藍色。裏地によく使われた。

場所
・親分の家
・ある家

登場人物
・泥棒
・親分
・男
・大家

人の見た夢は見られない 笑

37 天《てん》狗《ぐ》裁《さば》き

あらすじ

昼寝から覚めた男に女房が一言「どんな夢を見ていたの？」。「夢なんて見ていない」と言う男に、女房は「私に言えない夢なの？」と怒り夫婦喧嘩に。大家、奉行所まで巻き込んで「どんな夢を見たのか？」騒動に発展。ついには、天狗まで登場する始末に……。

キーポイント

東京で天狗といえば高尾山。山岳信仰の飯縄大権現《いいづなだいごんげん》の随身といわれており、除災開運、災厄消除、招福万来などをもたらす力を持つと神格化されていた。

場所
・男の家
・奉行所
・高尾山の山奥

登場人物
・男
・大家
・女房
・奉行
・天狗

知らぬは一時の恥というが 笑

38 転《てん》失《し》気《き》

あらすじ

ある日、和尚は往診に来た医者から「てんしきはあるか？」と聞かれ、「ございません」と返答。しかし、和尚、てんしきを知らなかった。小僧に探りを入れるが、小僧も実は知らない。小僧を使いに出し、荒物屋や花屋に「てんしき」を借りに行かせる。

キーポイント

転失気とは「気を転《まろ》め失う」と言って、医学用語のおならのこと。知ったかぶりをする和尚が、小僧に一杯食わされるのが滑稽な一席。

場所
・寺
・花屋
・荒物屋
・医者の家

登場人物
・和尚
・医者
・小僧

人のよすぎる泥棒さん

39 転《てん》宅《たく》

笑　色

あらすじ

あるお妾《めかけ》の家に泥棒が入った。女は度胸が据わっていて、反対に、泥棒を手玉に取ってしまう。泥棒に夫婦になると約束させて、泥棒の財布まで巻き上げてしまったのだ。
　間抜けな泥棒、一夜明けて約束の時間に訪れると、そこには女の姿はなかった。

キーポイント

　転宅とは引っ越しのこと。明治初期から使われていた漢語で、「権妻《ごんさい》」も同じく漢語。「権」に次ぎなる、という意味があり、お妾さんを指した。

場所
・お妾の家

登場人物
・泥棒
・お妾さん
・煙草屋

うまくやってみたい　和歌で洒落

40 道《どう》灌《かん》

笑　粋

あらすじ

　ご隠居の家に遊びに来た八五郎。飾ってある屏風に目がとまった。そこには「七重八重《ななえやえ》　花は咲けども　山吹の　実《み》の一つだに　なきぞ悲しき」という和歌が書かれていた。
　この歌と太田道灌の逸話を知った八五郎はまねしてみたくなって……。

キーポイント

　道灌は江戸城築城で有名な武将・太田道灌。古歌の作者は歌人・兼明親王《かねあきらしんのう》。もとは「悲しき」ではなく「あやしき」で、山吹にもちゃんと実があるらしい。

場所
・ご隠居の家
・友だちの家

登場人物
・八五郎
・ご隠居
・友だち

売り物も、売っている人も滑稽

41 道《どう》具《ぐ》屋《や》

笑

あらすじ

　稀代のフリーター与太郎。見かねた道具屋の叔父さんが道具を借してくれたので、道具屋に挑戦することに。ところが、商品は火事場で拾ったノコギリや首の抜けるお雛様など、気の抜けたものばかり。
　与太郎は上手に稼ぐことができるのだろうか?

キーポイント

　道具屋はいまのリサイクルショップのようなもの。江戸時代はリサイクルが進んだ社会だった。路上で虫干しを兼ねて、様々な道具を売った。

場所
・叔父の家
・路上
・男の家

登場人物
・与太郎
・叔父さん
・道具屋

昭和の香りが漂う

42 動《どう》物《ぶつ》園《えん》

笑

あらすじ

一日ゴロゴロしているだけで儲かるというおいしい仕事を見つけた男。なんと、動物園で死んだライオンの皮をかぶって、ライオンのフリをするというものだった。子どもたちを驚かせては遊んでいた男の耳に、「ライオンとトラの決闘がはじまります」のアナウンスが!

キーポイント

昭和初期、香具師がインチキな移動動物園を興していたそう。その頃の名残を感じさせるネタ。そもそもは上方落語のネタだった。

場所

・動物園

登場人物

・男
・男の知人
・動物園経営者

言ってみたい!「今、なん時だい?」

43 時《とき》そば

笑 粋

あらすじ

屋台のそば屋でどんぶりや割り箸、そばとやたらに誉めまくる男がいた。十六文のお代を払う際に、小銭を「ひぃ、ふう、みぃ、よぉ……」と数えはじめた。

これをそばで聞いていた男。勘定を誤魔化したことに気が付き、自分もまねてみようと思い付く。

キーポイント

江戸時代、そば屋は屋台で出ていて、庶民が気軽に食べられるファストフードの一つだった。他に寿司やてんぷらも屋台で出ていた。

場所

・路上のそば屋

登場人物

・口達者な男
・それをまねる男
・そば屋

旦那の機嫌取りも命がけ?

44 寝《ね》床《どこ》

笑

あらすじ

ある商家の旦那は義《ぎ》太《だ》夫《ゆう》が大好き。好きが高じて自分でも語る。長屋の住人を招いて義太夫の会を開くが、皆あれやこれやと言い訳してやって来ない。旦那はへそを曲げてしまったから、さあ大変。皆で聴きたいと懇願して、なんとか義太夫の会がはじまることに……。

キーポイント

義太夫は人形浄瑠璃の流行とともに広まったもの。人形浄瑠璃は人形遣いと三味線弾き、語りの義太夫が三位一体となって繰り広げられる人形芝居。

場所

・店
・長屋

登場人物

・旦那
・長屋の住人
・店の奉公人
・小僧

江戸っ子は幽霊も笑いネタ

45 野《の》ざらし

笑

あらすじ

八五郎の隣人・浪人の尾形清十郎はある日、釣りに出かけた帰り道で人骨を見つけた。回向をしたところ、美女がお礼に。これをうらやましがる八五郎も人骨を探しに釣りに出かける。釣りをしながら「美女がやって来たら」と妄想で一人盛り上がっていると……。

キーポイント

上方落語では「骨《こつ》釣り」。サゲの「馬の皮」は、かつて和太鼓にはウマの皮が用いられていたことから。また、浅草新町は太鼓屋が連なっていた。

場所

・尾形の家
・川のほとり
・八五郎の家

登場人物

・八五郎
・釣り人
・尾形清十郎
・幇間

子はかすがいと言いますが

46 初《はつ》天《てん》神《じん》

笑

あらすじ

天神様のお参りに出かけようとする父親を目ざとく見つけた子どもの金坊。今日はおねだりしないという約束で連れて行ってもらえることに。しかし、そこは子ども。境内にずらりと並ぶ出店の前を歩いているうちに、やっぱりお菓子やおもちゃがほしくなってきた……。

キーポイント

初天神とは1月25日で、学問の神様・菅原道真《すがわらのみちざね》をまつる天満宮年頭の縁日。噺の中で登場する様々な屋台のにぎわいを想像しながら聴きたい。

場所

・家
・天神境内
・出店

登場人物

・父親
・金坊
・女房

支離滅裂な大慌て者

47 堀《ほり》の内《うち》

笑

あらすじ

慌て者の男。自分のこの性格を直したいと思い、女房の助言で堀の内の祖師様へお詣りすることに。ところが、財布ごとお賽銭箱に入れてしまうは、女房の枕を弁当と間違えて持ってきてしまうはで、全く仕様がない。今度は息子を連れて銭湯へ行くが……。

キーポイント

堀の内の御祖師様とは、東京都杉並区堀ノ内にある妙法寺《みょうほうじ》のこと。日蓮《にちれん》の祖師像が厄除けにご利益があると、江戸時代から信仰を集めていた。

場所

・長屋
・堀の内
・床屋
・銭湯

登場人物

・男
・女房
・息子
・僧侶

怖いもの知らずの男の弱点とは

48 まんじゅう怖《こわ》い 笑

あらすじ

町内の若い衆が集まって「何が怖い」「何が嫌い」と自分の苦手なものの話に花が咲く。そんな中、ある男が「俺は怖い物なんかない」と豪語。しかし、男は震え出し「そんな俺でもまんじゅうは怖い」と告白。友だちはまんじゅうをたくさん買って驚かそうとする。

キーポイント

原話は中国・明《みん》代の『五雑俎《ござつそ》』や『笑府』にみられる古い話で、江戸中期に日本で広まった。江戸で成立し、上方へ伝わって練り上げられ、また江戸へ。

場所

・家

登場人物

・男
・友だち

恋する女は一枚上手？

49 宮戸川《みやとがわ》 色

あらすじ

将棋にのめり込み帰宅が遅くなり、家から閉め出しを食らった若旦那の半七。一方、船宿の娘お花も、かるたにハマりすぎて同じ目に。叔父の家に行こうとする半七の後をお花は追っかける。二人を迎えた叔父は早合点。布団一組だけの二階に上げてしまう。

キーポイント

この時代、「男女七歳にして席を同じゅうせず」といわれた。お花の方が積極的だったようだ。宮戸川は二人が結ばれた後に登場する川で、隅田川の別称。

場所

・半七の家
・叔父の家

登場人物

・半七
・お花
・おじ
・おば

素直が出世の鍵？

50 妾馬《めかうま》 笑 泣

あらすじ

八五郎の妹・鶴は美人。大名の赤井御門守《あかいごもんのかみ》に見初められて側室となり、めでたく男子を産む。褒美をとらせると屋敷に招かれた八五郎は、大家からいろいろ作法を教わって屋敷を訪問。しかし、根っからのがさつ者で、殿様の前でも歯に衣着せぬ態度が出てしまう。

キーポイント

妾馬の題目は八五郎が晴れて武士となったのちの後日談から。別題「八五郎出世」。抱腹絶倒の話が続いた後に、最後にほろりとさせてくれる人情噺。

場所

・大家の家
・八五郎の家
・赤井御門守の屋敷

登場人物

・八五郎
・赤井御門守
・鶴　・母
・大家

参考文献

『イラスト・図説でよくわかる江戸の用語辞典　～時代小説のお供に』
江戸の時代研究会（著）、江戸人文研究会（編）、廣済堂出版

『これで落語がわかる　知っておきたいアイテム112』京須偕充（著）、弘文出版

『図説　落語の歴史（ふくろうの本）』山本 進（著）、河出書房新社

『ゼロから分かる！ 図解落語入門』稲田和浩（著）、世界文化社

『マンガで教養　やさしい落語』柳家花緑（監）、朝日新聞出版

『寄席の底ぢから』中村 伸（著）、三賢社

『落語歳時記 らくごよみ』三遊亭竜楽（著）、朝日新聞出版

『落語ハンドブック』山本 進（編）、三省堂

『落語ぴあ（ぴあMOOK）』ぴあ

参考サイト

太神楽曲芸協会　http://www.daikagura.org/

文化デジタルライブラリー　http://www2.ntj.jac.go.jp/dglib/

落語協会　http://rakugo-kyokai.jp/

落語芸術協会　https://www.geikyo.com/

BOOK STAFF

編集　坂尾昌昭、中尾祐子（株式会社G.B.）

デザイン　酒井由加里（Q.design）

イラスト　古谷充子

インタビュー撮影　宗野 歩

校正　大野由理

企画　小泉宏美（辰巳出版株式会社）

本書の刊行に当たり、取材・撮影・素材提供など皆様には
大変お世話になりました。この場を借りて御礼申し上げます。
（あいうえお順・敬称略）

浅草演芸ホール
池袋演芸場
一般社団法人　落語協会
あおやぎ
キッチンミノル
公益社団法人　落語芸術協会
国立演芸場
新宿末廣亭
鈴本演芸場
武田洋輔
橘 蓮二
天満天神繁昌亭
東京かわら版
武藤奈緒美
横井洋司
横浜にぎわい座
掲載許諾頂きました落語家・色物芸人の皆様
所属事務所の皆様

ふらりと
寄席《よせ》に
行ってみよう

平成31年2月5日　初版第1刷発行

著　者　佐藤友美
発行者　廣瀬和二
発行所　辰巳出版株式会社
〒160-0022
東京都新宿区新宿2-15-14 辰巳ビル
電話 03-5360-8956（編集部）
03-5360-8064（販売部）
http://www.TG-NET.co.jp

印刷所　三共グラフィック株式会社
製本所　株式会社宮本製本所

本書へのご感想をお寄せください。また、内容に関するお問い合わせは、
お手紙、FAX（03-5360-8073）、
メール（otayori@tatsumi-publishing.co.jp）にて承ります。
恐れ入りますが、お電話でのお問い合わせはご遠慮ください。

ISBN 978-4-7778-2244-7 C0076

著者
佐藤友美（さとう・ともみ）

月刊演芸専門誌『東京かわら版』編集長。東京都渋谷区恵比寿生まれ、育ち。浅草（今はなき国際劇場の隣）で旅館を営んでいた祖母の影響で、幼少のころより古典芸能（歌舞伎とか相撲とか日本舞踊とか邦楽とか）に親しむ。明治大学文学部仏文学専攻を卒業後、無職でぷらぷらしていたところ、愛読していた『東京かわら版』で「アルバイト募集」の記事を見て応募、そのままずるずると居残りを続けて社員になり、2004年より編集長を務める。
『東京かわら版』
http://tokyo-kawaraban.net/

イラストレーション
古谷充子（ふるたに・みちこ）

1976年、東京都生まれ。日本大学芸術学部演劇学科卒業。セツモードセミナー卒業。コムイラストレーターズスタジオ（安西水丸塾）受講。こけし好き　将棋好き　歌舞伎好き　へっぽこ山好き　毎年花粉症に悩まされています。
http://furutanimichiko.com/

本文中にある〈編集部〉はG.B.編集部が取材・執筆したページを示しています。